作者群謹向所有曾在本書創作過程中給予支持的男男女女致上謝意，特別是為本書反覆專注閱讀的皮耶爾、色那、提耶里・葛侯恩斯坦、喬埃勒、提波、紀約姆、他們的家人，摩根、克洛伊、阿莉絲、本吉、派翠克・漢薩、賈賈、JP、MA、瑪麗、安娜、迪耶戈、馬諾利斯、阿蘭、布莉姬特、皮耶爾、工坊27[1]的同仁、麥芽廠藝文空間[2]、自我雇員出版社[3]、世界盡頭工坊[4]、海軍比利修船廠[5]以及《紅磚報》[6]。

而若沒有以下各方的努力成果，本書就不可能面世：海姆・伯斯丹[7]、儒勒・米什萊[8]、米歇爾・沃維爾[9]、弗杭索瓦・傅黑[10]、華特・班雅明[11]、阿萊特・法吉[12]、索菲・瓦尼奇[13]、提摩西・塔克特[14]、大衛・加瑞奧克[15]、加利卡數位圖書館[16]和其他數不清的資料庫，從賽巴斯欽・梅西耶[17]到埃里克・哈榮[18]，他們使我們能夠去想像……

法國國家圖書中心

「南方行動一一二年」[19]系列叢書由提耶里・葛侯恩斯坦主編。

《法國大革命》的作者群由法國國家圖書中心贊助支持創作本書。

———

© Actes Sud, 2018

平面設計：
典羅松・古華杰、尤恩・洛卡、克里斯蒂安・馬蒂奇

RÉVOLUTION
1. LIBERTÉ

法國大革命
自由之章

大革命

Florent Grouazel
Younn Locard

弗羅杭·古華杰&尤恩·洛卡——著　　李崇瑋——譯

「自由一詞,如此頻繁一再提及,有著彷彿超乎尋常的效果,
使所有人的腦袋激動發熱。」

賈克－路易・梅內特哈[1],《我的生活日記》

I

三級禮服

　　去年夏天起，法蘭西國王為圖改善國家財政並
課徵新稅，決定召開自一六一四年起未再舉行的諮
詢機關：三級會議。

　　構成法蘭西王國的三級顯要，即教士、貴族以
及第三等級，選出由一千一百三十九名代表所組成
的國會，負責使財政改革合法。

　　他們承擔著全法蘭西二十五歲以下男子的陳情
來到凡爾賽宮。陳情書的內容遠遠超出僅限於財政
危機的問題。

　　　　　　──節錄自《法蘭西一遊》，卷一，
　　　　一七八八至一七八九，納塔奈爾·皮姆，
　　　　　　　　　　倫敦，一七九五年。

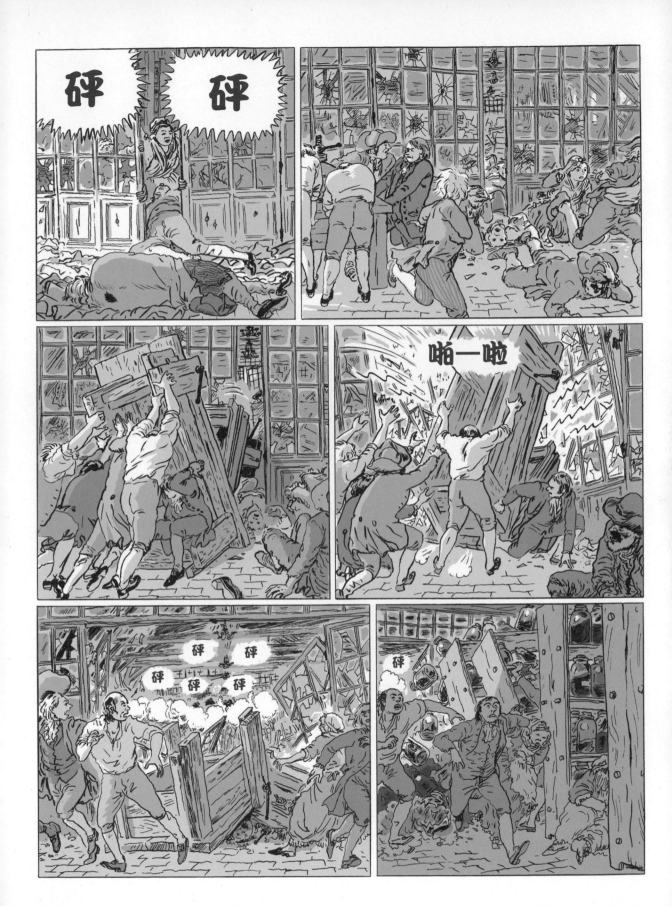

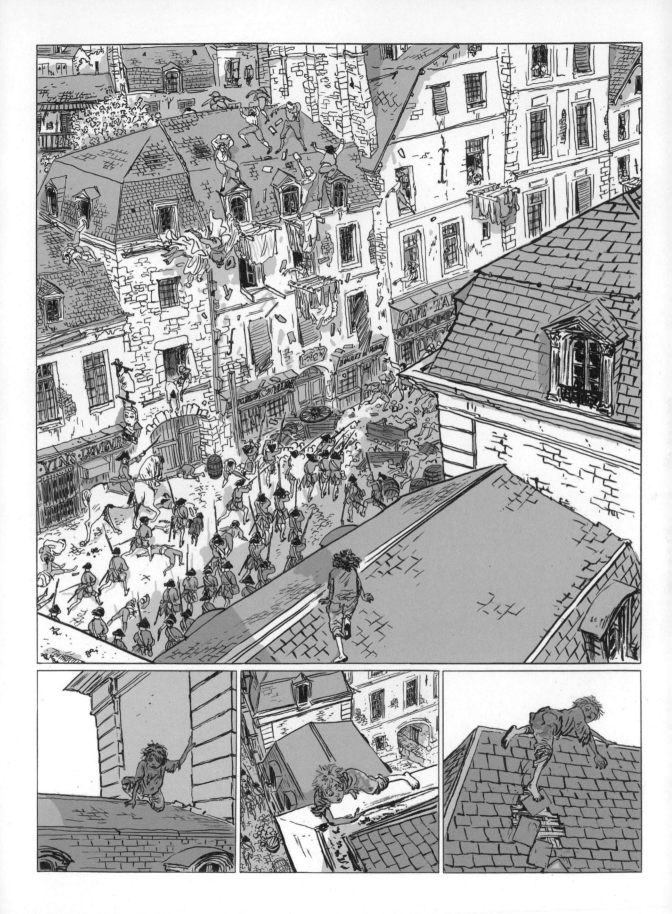

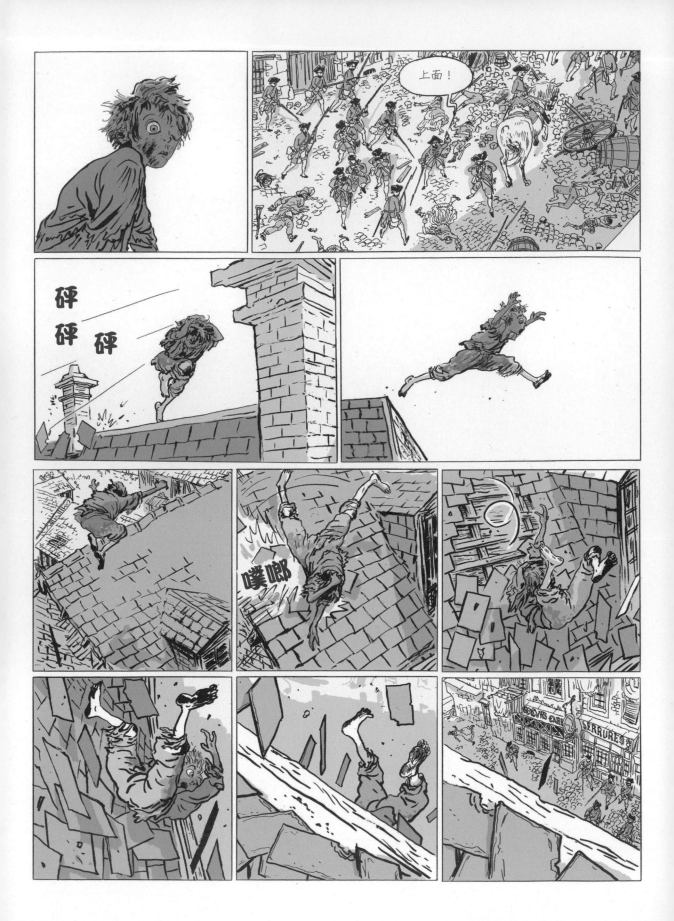

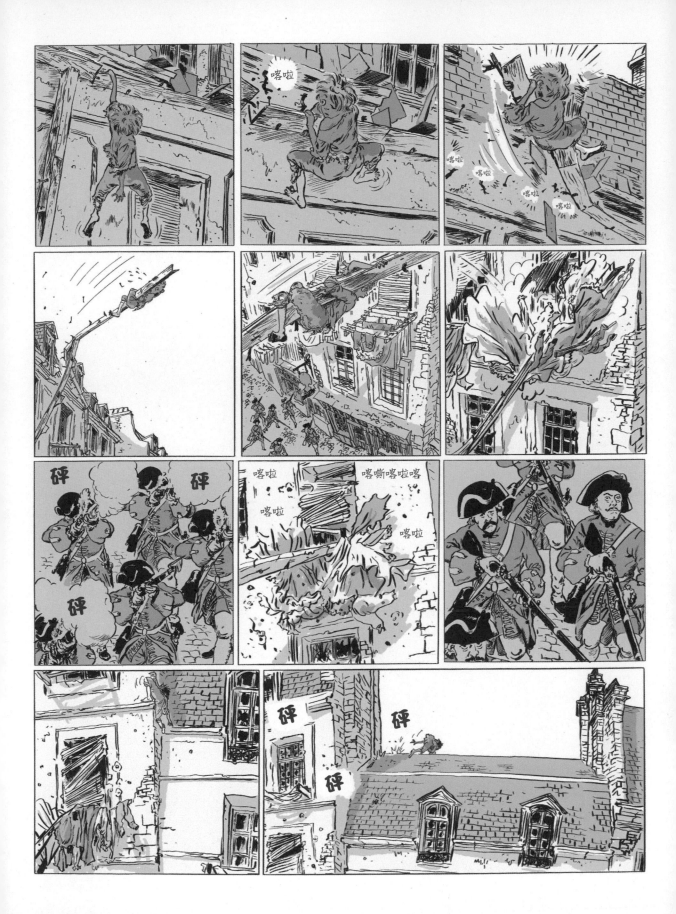

去抓啊！
你們還等什麼？

行刑！

請住手，那是個孩子！

？

您是打算向小孩開火來恢復秩序嗎？
這真是場可惡的屠殺！

這場屠殺？！

我命你即刻停止！

什麼？您命令我？？

以國王之名！

您是哪位？

杰宏·雷格黑誰？？

《燃燒百合》。

什麼？？

您不識字嗎？

閃開，您會吃上一記馬蹄！

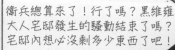

衛兵總算來了！行了嗎？黑維雍大人宅邸發生的騷動結束了嗎？宅邸內想必沒剩多少東西了吧！

真不知道他在想什麼，還要再降低工人的薪資，好像我們賺太多一樣！

他們終於派你們過來真是太好了，我們整整擔驚受怕了兩天。

我們要抓最後一個逃亡分子，他在屋頂上。

你們是不是要抓走那孩子？

您沒看到嗎？一個全身穿藍色衣服的孩子……

哈哈！

很抱歉，我們只看到匪徒經過，沒看到穿藍衣服的人。不過要是你們口渴，我可以請你們喝點紅酒！

露伊絲！

露伊絲，拿一瓶紅酒過來！

您人真好，我們在黑維雍那裡根本找不到喝的。

他們全部都喝光了，那些渴死鬼！

……甚至連染料瓶都空了！

別胡扯了……

會被殺掉的是我！拿去，快把妳自己弄乾淨，骯髒鬼！

來了！

小蹓遢！還請你們見諒，我先生在的時候她一叫就來，可是他有事得去城裡……

我得全部自己打理……露伊絲！妳到底在演哪齣戲？

嗯？小壞蛋！

啊啊啊啊啊啊啊！

20

妳給我幹了什麼亂七八糟的？？

我滑倒了……

小鬼，這些我可不買單的啊！

謝謝妳，小姐！

女兒跟母親一樣迷人。

她不是我女兒！

只是一個老給我們找麻煩的小白癡！

噢，好吧，我們得走了，謝謝妳請我們喝酒。

謝謝妳，女士。

現在妳給我解釋妳在地窖裡幹些什麼事，跟誰！

我滑倒了！

騙子！

可憐的傻瓜，妳讓自己給一個小壞蛋上了！

我沒有！

他在哪？

事情不是您想的那樣！

噢，是嗎？

那是我流落街頭的弟弟。

把我當蠢蛋，妳哪有弟弟！

那是我姊妹的兒子，她不要他了，他只剩下我，我必須幫他！

妳偷我們的東西？！

不！我什麼也沒拿。

那這是什麼？

……自從他的《波斯女人》以來，這還是我所看過最逗趣的一齣戲。

再說，克蕾蒙絲可是從頭笑到尾，不是嗎，親愛的？

的確。

母親！這實在天理不容！他不僅羞辱宮廷，甚至還藐視教會！

你太誇大其事了，尼可拉。

他沒有錯，這些演員只配送去車刑。

噢，噢！這可有點難啊，我的神父！

雷格黑！

進來，進來！

我們在聊《快樂蘇丹》，您知道的，德·博阿爾先生最新的劇作……

親愛的德·薩武爾南大人，我啊，唉，可沒空去看戲。我剛從黑維雍宅邸[2]離開，真是澈底失敗啊！

從黑維雍的宅邸？在聖安托萬？？杰宏，你瘋了！

克蕾蒙絲。

這些郊區都是凶險之地，你會讓自己送命！

這又何妨！若不走出客廳，我不知道我能從這些使國家動盪的混亂中得到些什麼。再說，此刻哪裡都不安全。到處都是失控的人群！您們的處境很危險。

而您的朋友貝松瓦爾少校[3]和整件事有關……他派一群刀手大開殺戒毀掉了一切。

我不明白您的意思。必須把劫匪全都抓起來啊！

聽說他們連這位可憐先生的內宅都破壞得面目全非。

這位可憐的先生？您不是要我同情這個自大狂的遭遇吧？有得必有失。

不！必須讓暴動延燒所有城區，若有必要，延燒整個巴黎！這樣一來，我們才有可能為所欲為。

是嗎？

這是阻止三級會議的難得良機。

阻止三級會議？您打算在會議討論開始前就遣返所有代表嗎？

不！是要把那些第三等級代表都關進監獄！他們裡面有四分之三全是藉機散播混亂的叛國賊。

唉！沒有證據我們能做什麼！

證據就在那裡，只要睜大眼睛看！

那就行動吧，老天！

尼可拉！

整個國家陷於動亂時我們不能猶豫。這個三級會議只會是一幫無賴的大會堂！

冷靜點，杰宏，你嚇到我們的朋友了。

他總是義憤填膺，是個篤信者！

沒錯，我無可救藥。

但這群人全都令我厭惡，這些哲學家、這些共濟會分子、這些……

我們的賓客都可算是您最熱切的讀者呢。

真的嗎？

您的《燃燒百合》是我們的隨身讀物，我們從第一期就開始讀了。

因為您，德·雷格黑先生，總是最接近抗爭的真相。

是雷格黑，我沒有頭銜。

當您的尊貴屬於勇氣，您就不需要任何頭銜！

太多貴族都缺乏這項特質！

我們與你同在，杰宏。

找出這些證據，我們就會跟隨您。

我盡我一切所能，大主教。但是，唉……

我們的敵人與日俱增……

我的資金有限。

就這些？

就只有這些。

所以？

一直都是同一批人，班維爾、梅賽……

布杰……

這個老流氓。

他昨天帶了一個毛才剛長出來的嫖客。

那不關我的事。還有誰？

山普洛神父、貝赫圖……

沒有新面孔嗎？那些最近才到的外省人？

沒有。

在黑維雍宅邸發生的暴動呢？

什麼都沒有。如果您想知道我的看法，人民不需要有人在背後指使。

乞丐，如果我需要你的看法，你早就知道了。

你只要保持警覺，我要你做的就這樣。

x

31

求祢寬恕我們的罪過，就如同我們寬恕……（《天主經》）

別人一樣？！

她在這裡幹嘛啊？

是夫人她……

真搞不懂！

這對找來說並不意外！

慢著，妳知道殺他的根本不是士兵嗎？

安托萬跟我說他們發現他被壓在一個木桶底下。當衛兵衝鋒的時候他早已經死了。

不！

呵！妳有發現他渾身酒味嗎？

還有這個膚色……他們不會就這樣讓他下葬。

呵，有啊，味道還在！

妳看看、妳看看，瞧這是誰來了！

老爺！

是妳！

夫人……

給我消失！

什麼？

妳心裡有數！

您不能就這樣趕我走，我沒地方可去啊！

別堅持了，我們這裡再也沒有東西可以給妳。

請大發慈悲。

妳最多就是找和妳一起亂搞的那個誰去做剩下的零星苦工，廢物！

我向您坦承，那是我姊妹。

35

II

清涼消暑，有人要喝嗎？[1]

由於宮廷在昂貴戰事上恣意揮霍，並為了某些特權人士享有徵稅豁免而不斷借款，王國因此舉債的坑洞深難見底。

然而國庫卻是空的。

如果說破產危機迫在眉睫，一七八八年全國收成不佳更將整個國家逼近至糧食短缺的困境。

當農夫都在滿心憂慮地期待當年的收穫時，整個市場卻把民生必需的穀物扣留在倉庫裡。

（索菲）

噢，親愛的！看我這邊有頂奇怪的大帽子，在那裡！

41

這種天氣下應該很方便！

我甚至覺得挺可愛的，這裡的農夫都比我們那裡的還要有品味呢！

就像我常講的，只要合適，不僅中看也會中用。

對啊……要是不必待在車裡就好了！

哈、哈、哈哈！

嘻嘻、嘻嘻！

噢，漂亮的孩子！看哪！我這有個小天使！咕咕！

噢！

噢！骯髒的小野種！

他做了什麼事？我怎麼都沒看到！

吼喔喔喔喔！我不敢跟您說啊！他讓我看他的……

不！！

太過分了！

可憐的法國！

真是可憐的人啊！這些日子裡，他們腦子被人塞滿了各種念頭。

再也沒有人想要安分守己。

您等著看，不久之後，我們就必須在他們面前頂著一頭亂髮。

嘿，甚至在我們自家也是！

您沒讀過這個自以為哲學家的坎佩爾代表？

？

凱爾維雷甘？那個沒人性的怪物？

數典忘祖的叛徒！

天主保守我！

也保守我……我聽人談他談得夠多了。

那群人嚴重傷害了王國，煽動完全不需要這玩意兒的善良民眾。

而這玩意兒叫做貴族！

但願這個禍害的三級會議趕快了結，然後所有人都乖乖回去。

這裡一團混亂是什麼東西？！

噫噫噫噫！

噢先生，原來是您啊，您真是把我們嚇壞了，我還以為他們又回來了……

這趟旅行最後會要我們的命！

幸好有這些紳士保護我們！

這個旅店老闆有病，我差點吃子彈！發生什麼事了？

村裡一些打零工的進來討喝的。這些女士，您知道的，由於整日的旅途而疲憊不堪，晚餐時無法忍受他們的笑聲……

他們全都喝得爛醉啊！

而且準備把我們給宰了！

就因為這樣對他們開槍？！

呃呃！哈哈哈啊啊啊哈哈啊啊！呼呼！

哈哈！哈哈哈……我發現我們還沒有互相自我介紹……我是納坦紐·皮姆，幸會！

你是英國人，難怪說話有個腔調。我是阿貝爾·德·凱爾維雷甘。

「很告幸認述你」

凱爾維雷甘
……

真是想不到！

哈哈哈哈哈哈哈哈！

您看您讓我們的女性朋友變成什麼樣子了……

晚安，各位女士！

是啦，但她們從頭到尾都搞錯了。讓她們感到害怕的是我兄弟，奧古斯丹[2]，他是個狂熱的議員代表。

她們哪裡知道我根本不在乎哲學……

呼呼！哈哈哈哈哈哈哈

卸啪嗯

卸啪嗯

哺呼隆哺隆

快點！
快點！

醜八婆！

您看到了嗎？看來我們
要等下一輛馬車了。

所以好啦，妳和另一個妓女撿垃圾撿到到膩啦？

她叫什麼名字我忘了？露伊絲，是嗎？

妳知道可以利用她來賺錢……

要是妳沒獨占她。

我們曾提過一件買賣，現在我來了。

啊啊啊，可是來不及了，小鬼。機會出現時就應該要把握。

呵呵呵呵呵呼

你在取笑我嗎？

喂，冷靜點！算妳走運，我有別的事情要交給妳做。

站住！

別動，你們這些害蟲，待在原地！

56

「絕望的裹屍布」？

嗯？

您可以試看看像是：
「永遠披著絕望的裹屍布」……

等等？！您打從一開始就在讀我寫的信？

您就在我眼前寫信，情書都會讓我分心，所以我忍不住就……

您真有膽量！

又有才華，您的文筆極好，這位索菲不懂她錯過了什麼！

您有考慮過寫一本小說嗎？

我比較想談別的話題，如果您不介意的話……

請您見諒，我實在非常冒失。您的兄弟，如果我記得沒錯，應該是屬於布列塔尼俱樂部[3]的……

不清楚。

據說他們讓整個凡爾賽宮心驚膽戰，我過來的那個地方，所有人的眼光都在他們身上！

啊？我很抱歉……

政治似乎無法引起您的興趣。

對，沒興趣。

您是美國人？

我的兄弟曾經在德·拉法葉將軍的率領下參與您那裡的獨立戰爭！

他總是淚眼盈眶地再次談起當時的事，這個男人，拉法葉，是個真正的英雄，他會像拯救美國一樣拯救法蘭西！

我是英國人……

噢！

這並不妨礙我從侯爵身上看出您提到的這些特質。

巴黎
暨入城稅牆

她讓我生無可戀。

哈哈！

我確定你在說蠢話！

她叫什麼名字？

什麼？！

你在嘲笑我？

我跟你說我要死了而你卻把這事當笑話？

喂喂！

你太激動啦！你真的很愛她……

說吧……她的名字……

索菲·德·利斯庫埃特。

你說笑吧！

阿貝爾？

但是你能有什麼指望？她幾個月前就已經訂婚了！

不會吧？！

跟誰？

阿德里安！

勒貝克？

是我幫他們牽線的！

好了。我真的得走了，我帶你去凡爾賽宮，你會見到三級會議。

我在說什麼……

國民議會！

先生！

找馬車嗎，先生？

四輪敞篷馬車？還是兩輪輕馬車？

緞帶哦！

漂亮的緞帶哦！

找馬車嗎？

一頂假髮嗎，先生？

要買和內克爾先生[4]同款式的假髮嗎？

內克爾款式的假髮喔！

漂亮時髦的假髮！緞帶！

唔！

呃！這不是免費的！

哈哈哈哈哈！

瑪麗‧安東尼[6]對拉法葉說：「人民要吃麵包？那給他們吃屁股[7]吧！」

這要二十蘇。

這地方都是魔鬼，我喜歡！

拿去，女魔鬼，多向王后學習，去讓自己開心吧。

哈哈！多麼有趣的節目！

您還想要其他的嗎？我可以給您開個價，先生大人！

兩張二十五蘇！

所有人吃屁股！

我在做夢……

看看這個……

啥？！竟然不是真的錢幣！這是什麼，詐騙伎倆？

瑪麗，這是一枚金路易[8]。

滅鼠藥，各位女士。

在法蘭西，權力從國王個人身上向外發散。

他借助其大臣之力來治理這個和王后以及他身邊親近之人所組成的國家。

圍著這第一層圈子的則是：宮廷，聚集混雜著古老貴族世家和付出昂貴代價取得地位的新進貴族。

然後，運行在凡爾賽星體引力範圍內，一個屬於金融家、股票經紀人和懂得使王國必須仰賴自身財富之企業家的世界，便是巴黎證券交易所。

遠方，大大小小的外省領主嚴防死守地緊抓著中央集權制度還沒有奪走的權力。

說得好！　　印出來！　　說得好！

你們會看到，現在每天從全法蘭西湧進的請願書朗讀已經結束，我們的代表將繼續昨天因為一場宏偉辯論的漫長煎熬而中斷的討論。

拜託一下！

現在發言的是議會主席，維也納大主教。

在座諸位應該不會禁止主席，在展開關於所有昨日提出之動議的討論前，介入他的看法……

喔喔！可不確定我們自負的代表會同意啊！

告訴我……你們看起來好像很清楚這裡正在發生的事，這裡總是這麼緊張忙碌嗎？

我聽人宣稱國民議會就像進攻貴族和宮廷的一支軍隊……

啊、啊！您在等西耶士神父[1]發言，對嗎？

「第三等級是什麼？是一切！」

「到目前為止它在政治秩序中有過任何地位嗎？沒有！」說得太好了！一針見血！你們看！

正要發言的就是他！您的運氣不錯！

您聽！

我建議宣布，針對已提出的議案不需進行討論。

提案移交了！啊啊！言如其人，犀利如刃啊！

嗯嗯嗯嗯……

等一下聽聽那個走上發言臺的人說什麼！！

？

現在輪到艾克斯轄區[2]的第三等級代表，米哈波伯爵[3]發言。

他的嗓門讓堂柱都顫動了！

既然我上述可敬的發言者宣布不需要進行討論……

哈哈哈！倒不如說是他那張滑稽的臉讓柱子顫動吧！

我的天啊，他可真醜！

……付諸表決前，沒有任何主要提案……

應該對有沒有必要討論表態！

真是天才！

哈哈哈哈哈哈哈哈哈哈！

哈哈哈哈哈……抱歉，因為……我晚上熬夜。

噓——

噢，好了！你們不會要跟我說你們都有注意聽吧？

什麼！我不准您這樣說！

得了吧！您假裝聽懂好讓自己能吹噓一番……

其實您是要向這位女士獻殷勤！

是嗎？！

您認為呢？兩場討論之間，我們就在這裡製造許多風流約會？

先生！

幹嘛？？我們在說話！

如果您對這些討論沒有興趣，隨時可以離開會堂。

什麼？！

這是

去別的地方清醒腦袋！

你們完全沒錯！我隨時都可以因為一幫沒用的傢伙滾到外頭去！

噢！

您要跟來嗎？人家趕我們走了……

可是？那個……我……我在等提案結果，而且……

吼啊啊啊啊啊啊啊！

什麼要讓舊世界屈
服，說得好聽！

內克爾！ 內克爾先
生！

內克爾！

?

內克爾！

內克爾！

內克爾萬歲！

國王萬歲！

嘖！

為財政部長歡呼的暴民，真是莫名其妙！

噢噢！

送一瓶老梅酒和一組筆墨給十七桌的先生。

伏翰侯爵剛到，去幫我安排他坐樓上的大包廂。

大人，王宮僕役和午膳在外面。

這麼快？我們去看看。

十份炸火雞、十四份佐酒鹿腿肉……

嗯……完好如初。

二十份西班牙餡餅以及五十份將軍雞翅……

幾乎才剛開始。

你們可以離開了，第二次上菜後他們就什麼也沒吃。王太子身體不適。

啊？

四十斤的野豬肉派和二十五份春雞，四鍋原汁肉湯……很好！你們趁熱重新整理，幫我把全部都列入今日的午餐菜單。

大人？

怎麼了？

帕華騎士那桌剩下的客人正準備離開前往阿莫瑞咖啡館[4]。

很好。

……要讓賈克—路易離家免談，克蕾蒙絲同意我的看法……

完全沒錯。

可是他想要做的，就是仿效他的兄弟。

他們只不過是在擊劍罷了，三個都是！啊！

德·卡薩雷斯先生，終於啊，您成功脫困了！您聽我說這件事！

給我兩分鐘喘口氣吧，薩武爾南！

給我喝一杯，不然我要殺人了！

哈哈哈！在您的國民議會裡沒人給您喝的嗎？

別在我面前提起這幾個字，懂嗎？

不，我們才沒有什麼可以喝的。他們強迫我們跟上教堂一樣屁股坐著不動，忍受那些第三等級代表的蠢話。

我再也無法忍受他們，這些畜牲，天殺的混帳！

噢！

嘖……

請見諒，克蕾蒙絲……但是該死！我們何時才能擺脫這些傢伙？

他們撐不了多久了！靠近點。

國王明天將宣布解任內克爾。

總算啊！誰會取代他？

我們的圈內人之一：德·布侯意

你看看！太好啦 他接受了嗎？

您認為呢？他迫不及待啦！

好極了！我們的努力總算沒有白費。路易可以克制一下衝動啦！抱歉，克蕾蒙絲……

但是巴黎人不會這麼輕易就讓他們愛戴的部長撤職。群眾準備暴動。

這就是事情變得有意思的地方！

布列塔尼俱樂部的激進派將會藉機推翻國王並擁護奧爾良公爵即位！巴納夫⁵作為他們的領袖，應該會跟公爵接觸以便加快發起新的暴動：全部聚集起來，他們可能率領一支五千人的盜匪軍隊，淹沒凡爾賽宮。

嗯……看來您的朋友雷格黑有消息了！

雷格黑在黑維雍暴動期間有三個月全無音訊，三級會議甚至都還沒召開。看看我們今天走到什麼地步……

我們能信任
誰？

我們很快就會知
道。這將是整頓我
們內部的機會。

雷格黑負責爭取
輿論支持嗎？

他？

那他打算怎麼
進行……

雷格黑是個蠢蛋。
我希望你知道你在
做什麼。

請別擔心
……

……這次是我們的機會。
我們會把布列塔尼俱樂部
的代表丟進巴士底監獄，
像你說的，讓他們去對老
鼠說他們的蠢話。

我明天再過來拿。

明天？！一萬五千份？您瘋了，雷格黑！

這沒得商量，我一定要拿到這些傳單，你自己想辦法解決，付錢給你就要把事情搞定！

沒錯！

您一直都欠我前兩期的款項……

你說什麼？你這是在指控我？給我聽好了，侯登巴赫，你不是巴黎唯一的一間印刷廠！我可以拿去慕斯托那印，他至少做事不會打折扣！

把欠我的錢帶來，我再看看能不能幫你夾在教區公告和時尚通訊中間傳出去。

所以這就是你對待法國命運的方式嗎！

蠢貨！

慕斯托經過來討他的欠款……

他威脅說……

索討，威脅！

他們會做的就這些事，這群貪得無厭的傢伙！

叫一輛馬車，我得回凡爾賽宮。

大人……

什麼事？

夫人的雙親在巴黎……

他們要求在您的房內等您……

然後？

他們急著上樓，但我把他們都送走了。

真是倒楣透了！

他們在亞維儂旅館投宿。沒見到他們的女兒前不會離開……

他們明天一早就會在那。

會議正要變得精采前你就離開了。

伊薩克、加布利耶爾、這是我兄弟。

阿貝爾，這幾位是我的同僚，帽子商，來自雷恩，還有凱宏嘉爾的勒根，萊斯閃旺的代表。

奧古斯丹！

到底怎麼一回事說要推翻……

幸會。

那麼……所以，這就是布列塔尼俱樂部？

?

嚴格來說，我不清楚你們在搞什麼，但我不想被認為在找麻煩，我覺得一切最後都會失敗。我認為你們並不充分了解你們要攻擊的對象。

哈哈哈！

好啦來吧，你會看到的，這個布列塔尼俱樂部！

免談！你有危險，我們回巴黎去！啊！

奧古斯丹！你有聽我說話嗎？他們在準備某些事，我沒開玩笑！

我們也沒開玩笑啊！

我碰巧聽到一段交談！

他們似乎很了解事情的細節。那個巴納夫，他是誰？

哈哈哈哈！

等一下，你認識他？？

這傢伙很危險！他為暴動提供資金！

哈哈哈哈哈哈哈！

嘖

來吧。

諸位，請冷靜。好了，冷靜！

無論情勢是否顯得動盪不安，我們都要問：是什麼義務把我們從法蘭西各地召喚到這裡？

我們難道只是一群從櫃子裡出來，為了讓抗爭閉嘴才行動的傀儡嗎？

不是——！

不是！

當然不是！

不是——！

我們難道不是來自於主權人民，並受其所託嗎？

對——！

說得好！

巴納夫，我們很清楚讓自己挨揍的不是你。死了，我們還能為人民做什麼更好的服務。

……他會是你們之中唯一一個想放棄世人授予他的高度信任並轉向選民，告訴他們：我很害怕，你們會把命運交付給這雙過於軟弱之手的人嗎？

我們已經立下誓言了，各位！理性和正義站在我們這一邊！我們要告訴由權貴掌控的宮廷，不久我們就會是他們心驚膽戰的敵人！

說得好啊——！

靠近點！

巴納夫！

凱爾維雷甘！

阿貝爾，我向你介紹安托萬‧巴納夫，這是多菲內最無懼的代表，我在說什麼啊，是整個王國最無懼的代表！

這應該就是你的兄弟啦，大名鼎鼎的阿貝爾！

你們果然是名不虛傳的雙胞胎！

圖爾潘代表發生什麼事了？

貴族後代，全部都帶劍……

他們派了五個人把他撂倒。

啊，那些野蠻人。

沒錯，那些可惡的傢伙！他們覺得他們要失去地位了，這類的小型武裝衝突會越來越多，必須要有所準備。

啊，拉美特！抱歉離開一下，我有事得跟他說。

但……他根本不是布列塔尼人啊！

哈哈哈哈哈！

IV

格勒內勒的馬拉駁船[1]。

奧爾良公爵，路易十六的表兄，在巴黎中心掌握一個由時尚咖啡廳、精品店、劇場所組成的複合體：皇家宮殿。

這個上流社交生活（娼妓）的高層地區也是當時政治動盪的震央。

因此很自然地，世人便猜想公爵對於王位心存曖昧不明的意圖，而各種陰謀論到處都有回響。尤其指控奧爾良公爵養了一幫令人生畏的盜匪。

那其實是在首都周邊一群被貧困逼上街頭的失業者和流浪群眾，使巴黎市民就連處境較差的人，其內心都煩擾不堪並萌生百般妄想。

夜間巡守經常把他們抓起來關，男的送去比塞特爾醫院，女的就送去硝石庫醫院。

硝石庫綜合醫院

皮姆先生？
是我，阿貝爾·
德·凱爾維雷甘。

砰砰
砰砰

啊？！
真是想不
到啊！

您擔心訪客？

有嗎？不、不、沒什麼。

進來，進來吧。

您這裡可真討喜啊......

我已經很久沒有自己住的地方了。

死神

我們是在一個朋友的家裡，他不小心讓我住進來。

再說，我會毫不猶豫燒光它們，要是這些書會......

曾經是？...

屬於我的。哈哈！真是困難的語言！

咖啡？

你們這裡只喝這個，我都要瘋了！

他是醫生嗎？

什麼？

您的朋友......

對，其中一個身分是醫生。他在倫敦行醫，我才會認識他。加牛奶？糖？

您沒有一些更……

哈哈哈哈！
沒問題。

那麼，索菲
呢？

噢，唉……她此刻
應該結婚了吧。

哈哈哈
哈哈
呼呼
呼呼

哈哈哈
哈

抱歉，您有稍微逛逛
嗎？您覺得巴黎如何？

大開眼界！我在大街上逛了
一整晚，所有人都很瘋狂！
簡直就是嘉年華盛會！光是
在一條街上就有比我整個布
列塔尼家鄉還
多的菸商和酒
販！

那凡爾賽宮呢？

饒了我吧……我忍受
了一場國會會議……

您那在忙碌工作的兄弟所
懷抱的願景，還不足以點
燃您的愛國熱情嗎？

他們在搞的東西令人
無法忍受。

有這麼嚴
重？

您等我說完……我們還在思
考他們在想什麼耶！突然一
下子，他們自稱力圖要改變
一切，每個人都有自己的想
法，自己的高談闊論……

我可憐的朋友，您
去得不是時候，這
是時代所造成的
……

他們真的在想像一個能夠讓所有人獲得幸福的世界！而更糟的是，把這種愚蠢想法傳染給大家的正是他們。我現在懂為什麼我在聖伊維的農夫開始扮演起部長來了。說正經的……這樣算是表達我的看法了吧？

您誇大了，他們又不會餓死。有些甚至不如說想要……

那您認為真正的執政者是什麼呢？我們付他們薪水，他們卻每天課徵新稅。壓垮你那些生活處境最悲慘的同胞，在你嗤之以鼻的饑荒時期獨占每粒穀物進行投機買賣……您要相信這些吸血鬼？

我不清楚你們的農夫是怎麼養活自己，但是就我在法蘭西鄉間所見到的，我認為普世幸福是他們最優先的選項。

不、不、當然不相信，可是……

您認為絕大多數貴族的價值只在於出身富貴的這件事是正常的嗎？這個價值賦予您所有的權利，而實際上卻不用盡任何義務？您不認為應該終止這個令人憤慨的現象嗎？

對，當然，我兄弟跟我提了非常多次。

可是讓我惱火的是他們採取的方式，您很清楚他們正在做的並不是改變現況……

他們只是在……胡鬧而已。而且他們完全不用負責，您認為王宮方面會袖手旁觀放任他們嗎？他們已經在暗中策畫，我聽到了，可是奧古斯丹卻不當一回事！

您替您兄弟擔心嗎？

不，我不替他擔心，他是個天才。我擔心的是那些準備跟隨他的人。

您指的是全法蘭西嗎？

105

您太高估他了。他是很傑出沒有錯，但是為了達成一切，他卻對即將遭遇的危險視而不見。

他不是只有自己一個人而已……

的確如此！可是您沒見過他的那些朋友……

您談到他就像把他當小孩子一樣，他不是您的兄長嗎？

奧古斯丹是我的兄長？不不不……我們是雙胞胎。

啊？

而且，我才是第一個出生的。

哈哈哈哈哈！
哈哈哈哈哈！

呃！就這些錢？

（咕咕噥噥）

他們在等您。

尚一路易，
歐諾琳……

你們讓我毫無準備，
你們來巴黎應該先
讓我知道。

我才能好好接待
你們……

這裡到處都是
凌亂的雜物
……

您沒有讀我們
寫的信嗎？

什麼？
什麼信？我自從一
月起就沒有收到你
們的來信了，我沒
記錯的話。

我甚至沒有收到你
們的新年祝福！

聽我說
……
　很可怕。

怎麼？
這個？
您在記事本上寫的東西。

那些只是筆記，目前還完全沒辦法讓人讀。
令人無法忍受。

難道不是嗎？

但這是赤裸裸的真相，我很抱歉它對你們而言是如此殘酷。這不是給婦女閱讀的文學作品……

我沒有某些詩人的天賦來美化現實。

可是……您筆下描繪的巴黎實在令人反感啊。究竟是什麼讓您去寫這些……可怕的事情？

這些可怕的事情，歐諾琳，都是巴黎市民每天所經歷的痛苦。我絲毫沒有憑空捏造，我觀察並寫下，就這樣。那些保守人士執意要隱藏的，我要把它攤開在光天化日下。我的讀者不會誤入歧途，我是唯一一個向他們毫無掩飾地展現人民生活的人……也是唯一一個指出真正問題的人！

我可憐的娜汀⋯⋯

聽您這番話我們更能理解使她心靈受創的邪惡。生活在這裡，在這黑暗之中⋯⋯

我不確定她是否⋯⋯

這座城市把她搞到瘋掉了。

娜汀一向神經脆弱，她在你們貢比涅的家中時早已深陷憂鬱。

她是有個柔弱的靈魂，沒錯，但至少能在大自然裡找到力量來避免易於感傷的傾向。

我十分清楚，這就是為什麼我會把她託付給修女。我以為林木蔥鬱的修道院⋯⋯

唉，我們拒絕正視何種邪惡將她吞噬，卻用假象安撫她。事實上情況只是更加惡化，無論修道院裡的花朵還是鳥兒都無濟於事。

這樣把她留在那裡有什麼幫助，太荒謬了⋯⋯

杰宏，您太好商量了！這些修女打從一開始就在利用您的奉獻精神！

當我想到我們為了他們所付出的大筆金錢⋯⋯

尚一路易！

夠了，我們要把她帶回貢比涅，我們很久以前就該這麼做了！她應該待的地方就是在我們身邊！

那是我們的小女兒啊！

也是我的妻子啊！

你們從來都無法接受她離開，這段時間你們只想著要把她帶回你們身邊而已。

但這只是為了救她而已嗎？

你們告訴我⋯⋯

您在暗示什麼？

我知道這聽起來很糟……

但你們太愛她。

太過分了！我們沒見到她是不會離開的！

什麼？

你們再也沒辦法見到她了。

娜汀在去年冬天自殺了。

不！

您說謊！

我沒有勇氣告訴你們，我是個可悲的混蛋……我還能夠瞞你們多久呢？

不可能！

您怎麼能這樣？

抱歉、抱歉！

我不忍告訴你們，你們獨自承受太辛苦了！

我竟然默不吭聲……我真是慚愧！

害怕讓你們失望、無法回報你們的愛的心情侵噬了她，她厭惡自己，在她發瘋的時候，甚至為此怪罪你們。

我的小娜汀啊……

111

是她禁止我讓你們來看她的。應該是由於神智錯亂，她才會因此拒絕親生父母的援手吧？

但現在我明白了，全都是我的錯。

我讓她讀了你們寫的信。

什麼，我們寫的信？我以為您什麼都沒收到……

是啊！其實我寧可甚麼都沒收到過……

你們在信裡寫滿了憂慮，她要怎麼能夠不把這些文字看成是責備？她沒辦法接受自己對你們造成了這麼多的痛苦……

聖母瑪麗亞，主耶穌的母親！那是我們寫的信啊！

我已經寫信去蒙塔日要他們把孩子送回我身邊。

您說什麼？！可是……為什麼？

我再也沒辦法付他們的寄宿費，他們要回來巴黎生活。

這裡？

這怎麼可能？

但……我們寄給您的錢呢？

修女拿走我所有的錢，我已經破產了。

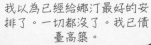
我以為已經給娜汀最好的安排了。一切都沒了。我已債臺高築。

我會負責照顧他們……

事情不會很容易，但我們會一起想辦法。他們都到了可以工作的年紀。

你們？！

我們不能放任這樣做！不可能讓他們生活在這裡，在這汙穢和罪惡之中！尚一路易！

尚一路易！

這怎麼行，孩子不能和他們的母親經歷同樣的噩夢，我們要想辦法。

你們的關切來得太晚，保母要求支付六個月的欠薪。孩子應該已經在回來的路上了。

您需要付多少錢？

一千八百五十里弗爾[2]。

唉好吧，你還等什麼？

她葬在哪？

我們的小娜汀葬在哪？

歐諾琳……

113

她是自殺的……

……修女拒絕為她下葬。

可是……她生病了啊！她們沒有權力這樣做！

我沒有辦法。

內克爾萬歲！

奧爾良公爵萬歲！

內克爾萬歲！

打倒王室

希望我講的家庭故事沒有讓您覺得過於困擾……

你講了這麼多哦？不過我有注意不要打哈欠打得太誇張。

哈哈！謝謝你，納坦。

請別把這事放在心上，我很受啟發。

下次我保證，換我聽您說。

太好了，那我會整理桌面，免得您要在櫥櫃裡翻找。

哈哈哈！

這是在挑釁嗎？

已經不是了。

他們準備要發動攻擊，再也沒有什麼能阻止他們。

打倒近衛騎兵[3]！

你們還不進攻在等什麼啊？我們不會屈服！

內克爾內克爾！

你沒聞到剛剛有股奇怪的味道嗎？

有啊，一股告密者的味道。

該死的膽小貴族，來看我們笑話！

看到巴黎所有街道上塞滿皇家軍隊，哪會妨礙他們這些人！

反而會很高興這些軍隊來保護他們的屁股。

我們見過嗎？

我……

回答我，笨蛋，你見過我嗎？

誰為了你們在凡爾賽宮戰鬥？

哼？誰為了你們在凡爾賽宮戰鬥，在國會裡？

你想知道我是誰嗎？

不管怎樣絕對不是膽小鬼！

我的頭啊……

先生，您的帽子。

118

阿貝爾!

巴納夫?

您打算單挑軍隊嗎?

呃……不是,我……

那請上車吧,我救了您一命。

我也這麼覺得。他們發生什麼事了?

您沒聽到消息嗎?

內克爾被免職了……?

沒錯。王室因為被逼得沒有退路而展開反擊。巴黎民眾準備豁出去了!

所以,他們說的是真的……

唉,該不會又要再把我帶去凡爾賽宮吧,我覺得身體不太舒服……很抱歉……

好啦,我懂您的意思。我們只不過是一幫大肆煽動卻怯於行動的陰謀家,徹夜裝模作樣的討厭鬼。

你給人的印象不是這樣……而是叛國賊、沒人性的怪物、激進派,全都是些完全不適合唱詩班孩子的綽號……

哈哈！

您真和您的兄弟不太像，總算啊！

人們常對我這樣說，我心裡都結痂了吧。您要帶我去哪？

去皇家宮殿。

哎呀、哎呀，去您朋友奧爾良公爵那裡送武器嗎？

我消息靈通。

您真是不拐彎抹角。您從哪聽來的？

我有耳朵！

呃呃！那您當真嗎，這個傳聞？您以為我提供暴動者武裝嗎？

誰知道？

的確，這一場戰爭是我們發起的。它跟所有其他戰爭一樣冷酷無情，但它是一場言論的戰爭、原則的戰爭。

我們的對手不惜採取任何誹謗……拿去，請看看上星期他們還說了我什麼。

燃燒百合

我們來正面照亮看看我們的敵人。他們為了把他們自命不凡的鮮血染紅法蘭西，準備將舉頭揮向歐洲最純正的種族。他們的意圖儘管披著虛偽人道的外衣也隱藏不住底下卑劣骯髒的輪廓：問題不在於，從來就不在於，對這些第三等級代表而言，要恢復……

「問題不在於，從來就不在於，對這些第三等級代表而言，要恢復什麼正義，而是要殺光全部貴族來為他們自己的低劣報復個痛快……

「篡奪者巴納夫及其黨羽隨時準備動武，在巴黎中心，從皇家宮殿，就在眾目睽睽之下。我們怎麼竟然還沒根除這個毒害？」文筆真好。

我最喜歡這一段。

「啃噬了滿腹貴族末代之子的血肉，我們還能懷疑這個吃人魔不會繼續執行牠的毀滅計畫嗎？牠想要責怪教會，牠之所以痛恨它，是由於教會為牠真正的敵人發聲：上帝、我們的主……」

「諸位王室大人，我懇請您們，是時候要替王國清除這場瘟疫了。」

這是號召謀殺啊！

正如您所言！

您毫無所懼吧！

我可是魔鬼啊，請千萬別忘了……

而我要帶您去群魔會！

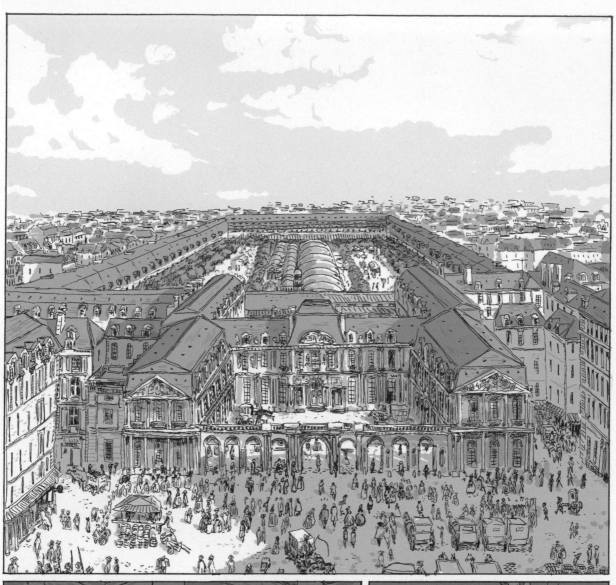

請向米哈波伯爵的委託人要求索取伯爵所寫的信，

請讀我們嬌小的米哈波媽媽彙整的國會會議紀錄！

《凡爾賽通訊》！

鮮花哦！來買我的美麗鮮花哦！

美女啊，可以先摸摸看再買嗎？

摸它們，當然不行……

如果你想要，你可以聞聞看。

敬你們，各位弟兄！法蘭西衛兵萬歲！

叛國賊去死！

這酒用的是夏宏泰製法[4]，我刻意在蒸餾器裡加入干邑，在利穆贊橡木桶裡存放了五年。我不是在自誇，您走遍安地列斯群島都很難能找到更好的蘭姆酒。

您想品嘗看看嗎？

真了不起！

請喝喝看，然後告訴我您有什麼新感受！

怎麼樣？

請再給我一點喝喝看……

賣這種酒，您很快就會成為百萬富翁！

而我們啊，完全喝醉啦！

哈哈哈！

哈哈

嘿嘿嘿

不管發生什麼事，明天我們就會決定，挺住！

可是對啊！在這裡的人全都白費了！請看看他們，整個舊世界的一切都白費了！應該出發去那些島上建立新的社會！

終於？！就我所知，一切都還是凡爾賽宮在做決定！

凡爾賽宮……別提什麼凡爾賽宮啦！王室什麼的全都要結束了！如果您真的想要改變世界，您要放棄您的貴族頭銜，去路易斯安那州建立共和國，就像美國人一樣！

我的貴族頭銜？！哪個頭銜？

哈哈哈！他怕我們談起政治話題不敢接下去了！

阿貝爾，我得離開了，我送您一程？

這麼快？

好啦，巴納夫，讓他跟我們在一起吧，夜幕才剛落下……

我想我能找到回去的路……

很好，諸位先生，那我就把他交給您們了。敬兄弟博愛[5]。

V

法蘭西親王龍兵團龍騎兵

　　今晨，一接獲內克爾遭到撤職的消息，全巴黎就進入沸騰狀態。一列示威遊行隊伍從皇家宮殿朝林蔭大道出發，要求撤回大臣的免職令。

　　當群眾抵達路易十五廣場，指揮官被森瓦爾下令朗貝斯克王子的龍騎兵團發動攻擊，拔刀出鞘。

　　遭受追擊的示威者在就近的杜樂麗花園內尋找庇護。

　　下馬步行時，騎兵在花園內散開，將恐懼散播給家家戶戶，踐踏婦幼、屠殺老弱，而這種方式卻激起人民內心的憤慨，甚至連最溫和的市民都如此。我們看到許多法蘭西衛兵連自發地和巴黎市民同進退。

　　不過當龍騎兵駐紮於戰神廣場時，傳聞有為數眾多的增援正加速朝首都而來。

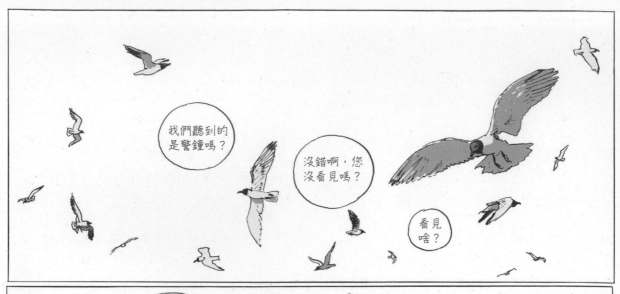

我們聽到的是警鐘嗎？

沒錯啊，您沒看見嗎？

看見啥？

瑞士和德國兵團一整晚都在格林內爾路上行進。巴黎出大事了。王室要準備為我們大開殺戒了！

那麥芽港有開嗎？

我沒有特別過去看，但我懷疑您能遇到想跟您買麵粉的人……大家腦裡只想著武器。他們窮到脫褲子都要買！

正是這樣我們才應該去賣啊，我們會發大財！不管怎樣，這都不妨礙我去卸貨，士兵也需要吃麵包啊，尤其是德國士兵！

哼呸！

老認為自己不會送命，是嗎？逮到機會就想大撈一筆。

我們必須要……

蠢蛋！

嘩！全部都是！

別碰！它們都已經非常爛了。

這不是梭魚！

那裡只有賣一種魚。就是白姑魚[1]。

白姑魚？？

白姑魚！？人家告訴妳是白姑魚妳就急著買！這種名字怎麼賣得出去。我就跟妳說應該要買的是梭魚！

別再提什麼梭魚了，魚和鴨妳都分辨不出來。

妳什麼都不懂！

嘿！冷靜點，瑪莉，這不是鬧著玩的。

我不知道妳是不是真的清楚我們做這件事要冒多大的危險……

妳不用擔心啦！

妳最好確定這樣會成功。

一切包在我身上！

最好是。

你快點跟上，我們得趕在港口漁市休息前到巴黎。

如果我們有搭到駁船，我們早就到了！

我們會去格勒內爾買水煮餅[2]嗎？

當然！我們會買水煮餅、梭魚、然後搭駁船！……來，走吧！

嘿！那些錢也是我的啊！

我開始要被妳這些胡說八道搞得火大了。妳一直說個不停！

我相信妳要走這條沿途都是墳墓的可怕道路，一定有很好的理由。

真是無言耶！妳對骯髒東西的喜好實在讓我驚訝。

我警告妳，這是我最後一次上妳的當了。

妳還說我很迷信，這些錢本來就不應該收。我很清楚感覺到，這不會為我們帶來好運！

像這樣給少女金路易的衣冠禽獸，妳知道我會叫他什麼嗎？魔──

哞──

瑪莉，妳有在聽嗎？我們會害自己被抓！要是妳不立刻跟我講清楚妳的計畫，我要把魚拿走，自己想辦法通關進城。

啞啞

哪怕得付錢，包括妳那份，當然要！妳聽清楚了嗎？

瑪莉？

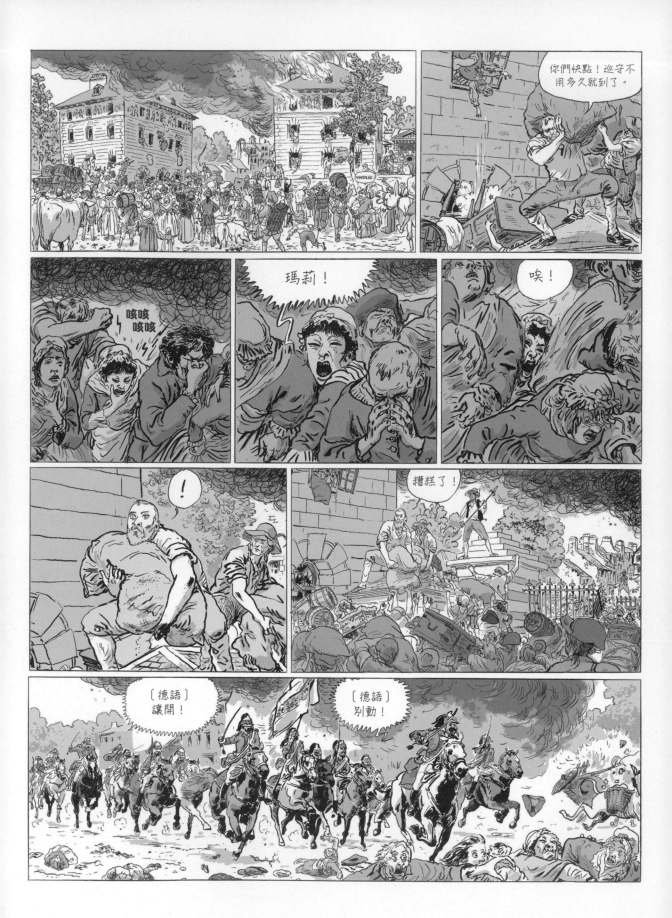

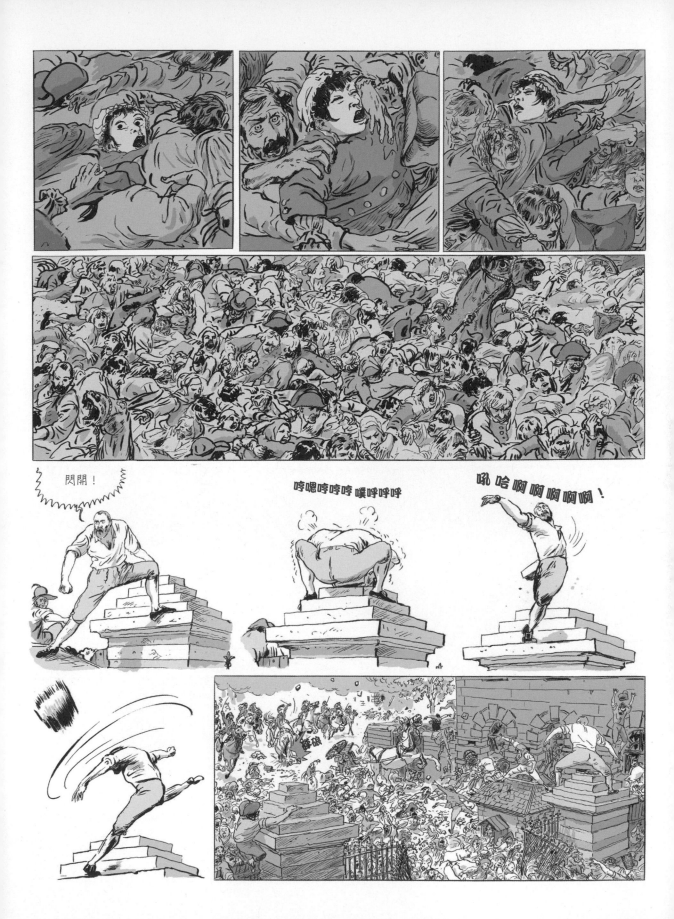

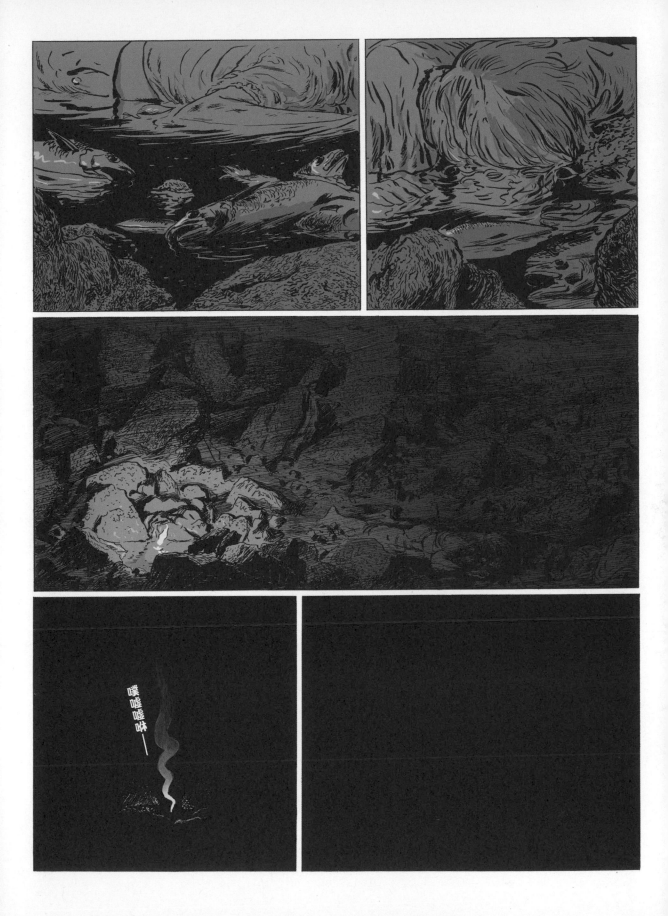

衛兵跟我來！監獄受到攻擊了！

囚犯暴動了！

什麼？

砰

砰

砰 砰

叛亂者拿下軍械庫了！開火！

後退！

砰

砰 砰

砰

快來幫忙，守門人被殺了！

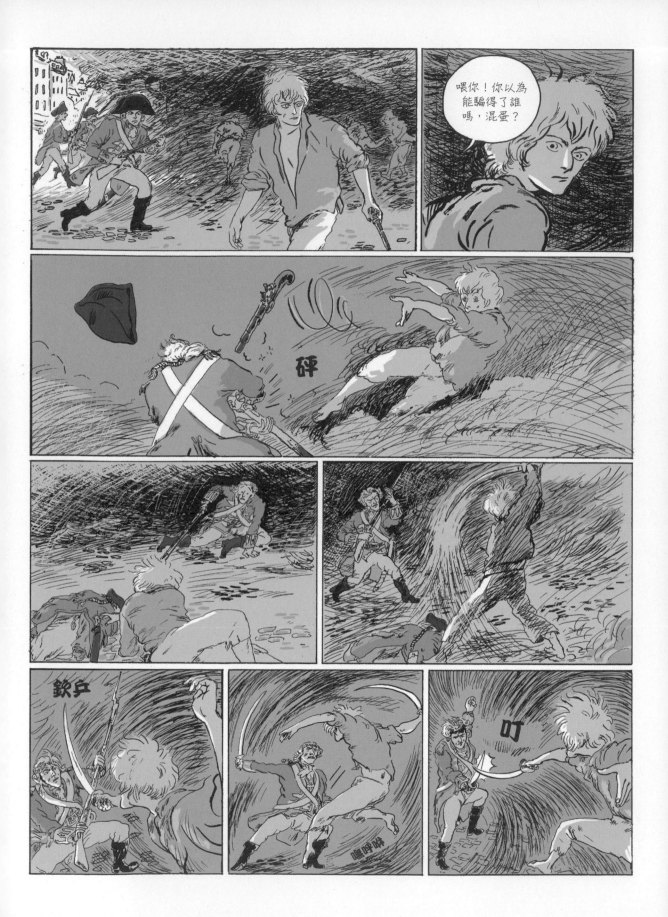

好讓你們這些粗野人四處亂竄嗎？

算你走運......

我喜歡自由不羈的粗野人！

嘿！

妳別太快愛上他！

你們站住！

以國王之名！

153

妳仔細想想，假如我們知道他們真的在收稅站存放火藥，我們哪會搞出這場爆炸……

呵！一件壞事換一件好事。聖賈克門已經陷落，善人門也是，盧爾興門就快了。王室軍隊還在王座門抵抗，但是法蘭西衛兵跟我們並肩作戰。

是哦？

我怎麼覺得不像是這樣……我們在這裡等什麼？

步槍。

是嗎？

市政廳答應要給我們。

開玩笑！他們要把你們困住，他們有槍也是要拿來對付我們！

我們會去王室家具保管所[7]找武器，如果在那裡沒找到，我們就去拿傷兵院的！

拿著！

妳們兩個都去那裡！

所有人去王室家具保管所，現在還來得及！

158

諸位先生，在此公共災難時期，必須專注於原則問題！

國王掌管議會的組成和解散。任命大臣，更何況是在街頭上，並不屬於你們的事。

人民已經發聲！他們要求出動市民衛兵！

諸位莫對王上的決定有任何異議，倘若想要僭越其王權，或將使全國混亂更加嚴重。

已經談得夠多了！

怒閉嘴！

國王必須取信於我們！

說得好！

我要求你們肅靜！

主權就是國家！

召回內克爾大人！

肅靜！

肅靜！現在由蓬蒂約[8]司法總管轄區的貴族代表，德·克雷西伯爵上台發言。

我親愛的同僚……

全國似乎皆為解任之大臣而悲慟不已，讓我們僅向其聊表其所應得的敬意……

主席大人！

?

其所招致的惋惜……

我們剛剛收到巴黎警衛隊指揮官捎來的信。

「所有城門以及眾多修院皆已遭破壞，修道院監獄[9]和佛赫斯監獄[10]都遭攻占，為數龐大的匪徒遍布全城，揮灑鮮血。群眾騷動至極……

……皇家宮殿前有數不清的人群，在那裡訴諸武力的聲勢此起彼落，有超過一萬名的男子要求步槍來防備歹徒，儘管事先防備毋庸置疑，然而王室軍隊在各城門之位置皆已遭暴露。」

我……我們不要貿然行事，諸位！要藉由群眾的情緒來取得勝利可能會讓我們全盤皆輸，所以……我們去向國王提出請願！

夠了！

你們應該要先審慎考慮進駐巴黎的軍隊吧！血流成河了啊！

噢！

只有一個巴黎衛隊能夠防止這些威脅、重建秩序並且贏得人民的支持！

激進分子！煽動分子！

不要插話！

肅靜！

你們丟不丟臉！

提出請願！

立刻撤回軍隊！

說得好！

投票！

我們派一組代表團去找國王

不！去皇家宮殿！

叫他閉嘴！

奧爾良黨！

我們冷靜！

什麼都不要做！

肅靜！

出一個代表團去巴黎！

你們閉嘴！

叛亂分子！

夠了！

肅靜！

快去市政府！

謹慎讓你們什麼都做不了。

您很得意嗎？縱火犯！

你們冷靜！

說得好，伊薩克！假使我們沒有迫使國王接受我們的意見就讓會議結束，我們跟這個議會就完了。王室將會採取任何行動，要是他們放我們活著回去，那還算我們走運。

我們完了！

如果這是我們的最後一夜，我們有義務為法蘭西人民徹夜寫下憲法草案。

這將會是我們的遺言！

非常好，
先生。

我們不會再打擾
您太久，

我們明天見。

雷格黑！

兩位大人
……

您一臉不像您會有
的欣喜，是……

哈哈！

悉數招來！

我從傷兵院回來，就如我們
約定好的，我已經在那裡命
令指揮官摧毀所有步槍！

但我還特別撰寫了一份殺手布告來揭發「全部」！

明天，巴黎市民不會找到想要的武器，反而會在所有的城牆上，發現這些意圖推翻王室之罪犯的真面目！

完美！

哈哈！

敬國王！

敬國王！

敬國王！

議會去吃屎！

VI

女魚販。

　　心思受到外國軍隊和洗劫的傳言所糾纏的巴黎
市民，全都已經準備好要來保衛他們的城市，卻看
見另一個更加險惡的威脅突然出現：糧食短缺。

　　當所有城門無論毀壞與否，皆受到皇家軍團的
嚴密監控，使絕大多數得以供應巴黎每日生活所需
的男男女女無法通行時，要怎麼做才能把不可或缺
的食物順利送到巴黎大堂呢？

　　由於期望市政府給予某些援助，暴動的群眾便
聚集在市政廳的廣場上，向當局施壓來提供他們武
器和食物。藏身在市議廳裡的選民，跟隨他們領頭
的商人總監弗萊塞勒，似乎決定什麼都不做。

所以？

我們還等什麼？我們別再浪費時間了，必須展開攻擊！

冷靜點，杰宏，我們不能就這樣把人民的代表都抓起來。我們得設想所有可能性，所有細節……

王上正在打獵。

在打獵？

到廣場！

但願是好消息！

好消息？

他們自以為是什麼啊？

他隨時都會從馬上摔下來！

雷格黑！

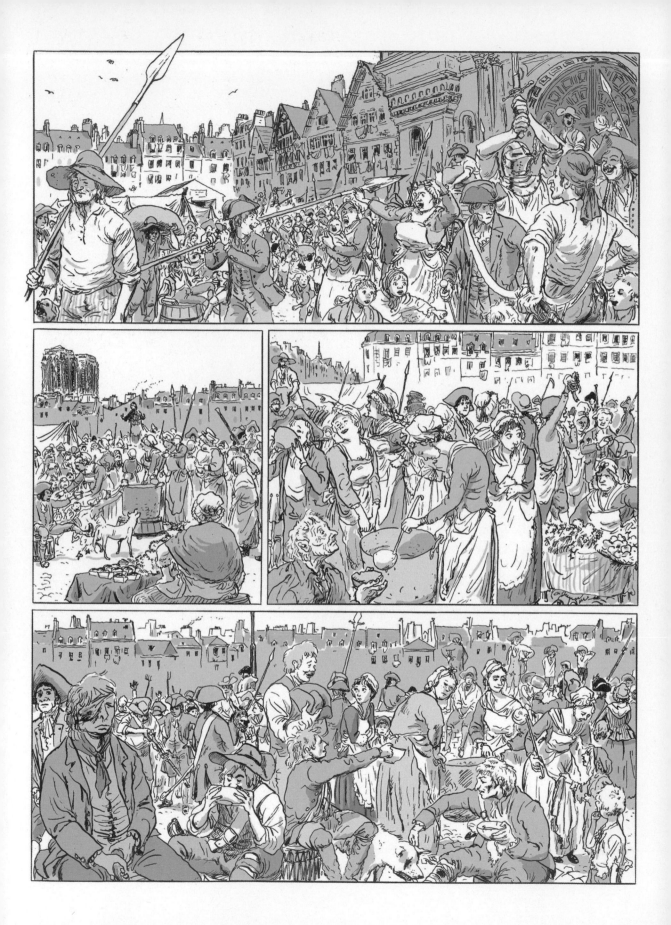

誰給一無所有的好人東西吃，哼？我的湯只給那些高尚愛國者的家庭喝，看到沒？那些為你冒生命危險的人！

嘩！幹得好啊！！

沒事的！

這就是保衛巴黎到死都需要的東西，手上的武器！

三萬支步槍，十八挺大砲！

全都到齊啦！巴黎所有的混蛋全身上下連牙齒裡都武裝好啦。市政府在幹嘛？

啥都沒做，沒有！

現在，我們去找子彈！

這群蠢蛋，他們拿下傷兵院了！

二十支步槍！三萬支裡的二十支！

您說這叫做摧毀？！

可悲的傻瓜！我希望您現在滿意了，因為您的失誤，大批武裝落入了暴民之手！

有人背叛我們，松布赫伊是猶太人，只有這個解釋！他把自己出賣給這場失序混亂的擁護者！

沒錯！全都要怪您！

您說的是。

無恥的混蛋！您只是個無能的傢伙！

我們還在浪費時間。要是今天我們錯失這個機會，難道又是我的錯嗎？！……

我們別再猶豫了。國王開除閃克爾，就是選擇向議會宣戰！

我們只能先發制人，否則回天乏術！

沒有他的首肯，我們什麼也不能做，我們必須要接到命令！

命令？這訊息難道還不夠明確嗎？

王上去打獵正是要讓您們能夠放手行動！拔出您們的劍，承擔動武的責任，這才是王上期待您們的作為！這也才能夠救他！

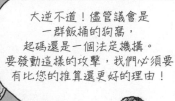

大逆不道！儘管議會是一群飯桶的狗窩，起碼還是一個法定機構。要發動這樣的攻擊，我們必須要有比您的推算還更好的理由！

噢好，那請您回去議會，畢竟他們全都是您的同僚！

恕我直言，那將是我們在損害變得無可挽救前，撲滅火勢的最後機會……

諸位先生，我聽到您們說的了……

沒有多少時間行動了。

到御前大馬廄！

我們必須重新召集第四十二兵團的龍騎兵還有王后的近衛單。願這幫混帳沒有一個能躲過我們的襲擊。

碎 碎

噗轟

有大砲！從那裡打過來的！

我覺得事情不妙……

我的天主啊！市政廳裡那些沒用的竟然絲毫無動於衷！

漢娜！

我們需要你們！全部人！

呃他媽的！

欸透您，企通機偶先生……（拜託您，去通知找先生……）

安禿案，函鞣工廠雅頭人……（安托萬，礬鞣工廠碼頭路……）

欸透。（拜託。）

姑娘，妳們在打哈欠嗎？！

真是大屠殺！

這就是我們所有的紗布了嗎？

妳，趕去舊貨商，把莫里索還有全部妳能裝進衣服的東西找來給我。妳跟他說是漢娜·歐杜叫妳去的。

布要找粗的，不要細的！

其他的人，妳們都跟我來……

177

隊長，跟我走眾議院大門！

你們！隨將軍的人馬走巴黎大道。你們在皇宮入口守著，從後方抓住他們！

呀啊啊啊啊！！

大人！

我從巴黎直接過來……

父親，
請原諒我只能在這可怕的時期抽空給您寫信，在永遠離開這個席位之前，我不過才坐了幾天，卻感覺度過數百年。

毫無疑問，我們的國會正經歷最後的時刻。儘管我們派出全部代表團，區區幾位大臣陰險的用心終究戰勝了國王的仁慈。我們等著隨時有人來逮捕我們。

軍隊已聚集門外的消息在旁聽群眾之間不脛而走……

我們也聽說那些最激憤的貴族將趁夜來宰殺我們。就讓他們來吧！我的同行中沒有一個不認為，至少不完全否認，這些傳聞毫無根據，然而卻沒有人離開席位。

沒有人顫抖。

我最後一次凝視這驚人的景象，而我希望您就站在我身旁，看到自由在此正多麼激動地發聲。

您或許認得格黑果瓦神父[3]，我向您談過很多，您可能對他沒有任何好感。但是您或許會敬佩他，如此果敢地高聲疾呼使我們為之振奮的決心，堅定不移。我知道那能夠，如果可以讓您成為我們的一員，打動您內心猶存在反對我們所帶領之革命的最後保留。

您可能再也不會懷疑我們這場戰鬥所傳世的精神……

那是努瓦伊，他回來了！

巴黎市民……他們已經……

巴……巴士底監獄被攻陷了。

VII

　　貴族省長德・洛奈遭屠殺後，在市政廳道路
上，一個舉止奇怪、特地戴著龍騎兵頭盔的男子
割下了德・洛奈的頭顱。這名叫德斯諾'的屠夫，
在兩天前的杜樂麗花園突擊後撿到那頂帽子，他的
身分解釋了這個自誇懂得如何切肉的行為。

　　德・洛奈的頭顱高刺於矛尖上，很快就隨著巴
黎商人總監弗萊塞勒的頭顱加入在巴黎街頭上漫長
的遊行隊伍。

　　根據德斯諾所言，這場陰氣森森的漫步結束
後，大批群眾慫恿他把這兩個戰利品帶回家以便翌
日再次遊街。他提醒他們他結婚了，這兩件東西可
能會讓他老婆「鬧革命」，於是他在慶祝他的英雄
事蹟前把這兩顆頭顱帶去夏特萊而沒有收下。

瑪莉?

噓⋯⋯瑪莉⋯⋯

抹逆?

瑪莉!

瑪莉!

你在這裡找
不到她的。

不常看到妳晃來這
角落呢⋯⋯

刺喀拎

這像鋸木頭一樣的拉弦真是夠了！放杜弗利[2]的〈D小調輪舞曲〉給我們聽，那才是真正的音樂！

哈哈哈哈哈

別聽他的，各位，繼續放！但要放更大聲點，拜託，這樣才不會聽到那讓人受不了的警鐘聲！

夫、夫人
……

我就知道我們早該跟他算帳。

怎麼會？！？

？

什麼時候的事？？

大前天，趁動亂的時候。

這個卑鄙的惡棍！

我們快離開！有這些罪犯逍遙法外，巴黎很快就會變成名副其實的群魔殿！

克蕾蒙絲！

怎麼？我的朋友，認清現實吧！我們跟這裡再也毫無瓜葛，您永遠都沒辦法用任何方式再次控制他！

母親！他玷汙了我們的身分名聲，我們不能不……

您要為了這個敗類留下來？我們受他的苦還不夠，甚至差點要在整城發瘋的時候去街頭上追捕他？？

他要付出代價，老天！我們不能不報仇就離開！

說得好，尼可拉！這就是我心裡所想的！

事情辦好後，你們在艾克斯跟我們會合。

但……

你的主人將會感謝你。這多少是為了保護人民、你的主人和他的財產，我們才會在這裡！

無賴！

你們自己來，武器都在二樓。

他們會破壞一切！

別再被害妄想了，就我所知沒有任何東西是屬於你的。

為什麼您要回來？為了報仇嗎？

這裡沒有人跟您作對！

哈哈！開玩笑！

您大可以相信我，薩武爾南家族不需要我家大人就能揭穿您！

我不是來報仇的。

那為什麼要把這些土匪帶來找我們？

就如你所言，這幫土匪比你還要誠實千百倍。他們只會拿武器，而且他們還開收據給你。

要是他們知道您是誰，您的新朋友會讓您比在獄中死得還慘！

你以為你知道我是誰？

我知道得夠多了，您是個偽善者！

那去告訴他們吧，去啊！

我們來看看你能引起他們何等的信任！

您會下地獄！

我才剛出來！

……而且，我代表魔王律熙費³有話要告訴你……

「告訴弗杭索瓦，如果他繼續這樣，我會非常高興。因為奴僕意識成就了我的王國。」

您覺得好笑嗎？

哈哈哈！

接住！

學著怎麼用它吧……

……這就是所謂的「自由」！

大人？

這又是怎麼了？

有貨要給大人。

您的傳單。

我的傳……？
但是。
等等。

你他媽的蠢貨！

讓開！ 以農民稅徵部之名，我們要來接管這些麵粉！

可是？……我們是市民衛隊，我們已經把運輸隊帶到市政廳了。

退下！

你們，全都退下！糧食的供應由市政府負責！

下來！

你們沒有權力……

我們已宣誓過……

他沒搞清楚狀況！

這車麥子除了市場哪裡也不會去，士兵！

如果法蘭西衛兵很願意護送我們到那裡，那他們就值得我們稱讚！

而且我們會請他們吃一頓！

衛兵跟我們同在！

農民稅徵部全都是強盜！吊死他們！

麵粉歸人民所有！

女魚販萬歲！

大堂搬運工萬歲！

哈哈哈！

侵占者！

你們才是強盜，你們跟宣稱要與其戰鬥的東西相比還要不如！

這車麥子要歸還市政府，你們必須尊重選民的決定！

閃開！

這是人民的意志！

人民的意志就是要填飽肚子，大人！

你們才是霸占者！

你說什麼？！

正是如此！

你再說一次，滿嘴臭糞！該被吊死的傢伙！

你阻止我們分發麵粉，卻又說我們是霸占者！我會打消你愛玩文字遊戲的念頭！你告訴我們，是誰讓城牆一個接著一個倒下……

夠了！

為了搶劫，就這樣！我們對抗貴族的專斷，不是為了看到苦難的專斷興起取而代之。我們的革命是具有政治上和哲學上的意義，你們怎麼能夠了解？你們只想到你們的肚子！

安靜！

你在發抖嗎？

少年啊，你會開槍嗎？

膽小鬼！

臭小鬼！

才怪！你們要敬佩這位心有疑慮的士兵，他知道服從命令為時已晚！

你們要愛護他，他是你們的兄弟。尤有甚者，他就是你們！

我們所有人都在發抖！因為突然之間有了選擇！

到處都有城堡主塔在燃燒……一道道命令消失在良知的爆炸喧囂之中。

必須要表態，這是我們新的信仰！

國民自衛軍萬歲！

與我們同在！

諸神都要妒忌並失去光彩。

投降！

212

向聖洛克的地下神靈[6]宣誓！

給巴黎人麥子！

向聖洛克！

什麼都聽不到啊，我們要宣什麼誓？

我想應該是重新支持國會吧……

才不是，是要宣誓對抗房東。

是嗎？！

呃！我們應該要相信你們口頭上說的嗎？我受命護送這一車麥子……

我們不要求你們其他的事！

就做你們該做的工作，護送我們！

提出要求的是我們！

太好了！是時候去結清我在坎佩爾的債務，我將在十五天內到南特，準備出海。回頭見！

請您要多加小心，他們在外頭可不像是一副能夠冷靜下來的樣子。

要是這樣能讓他們開心就好了！

權貴去死！

不是啊！老天啊！

你這樣會弄傷自己啊！

吊死你！

嘻嘻嘻嘻嘻！

？

VIII

加油老兄，用力點，為了人類的文明！

儘管在七年戰爭[1]中戰敗，法蘭西王國依然是世界第二大的殖民帝國，其殖民地的產物構成了首都生活不可或缺的天賜嗎哪[2]，像是菸草、咖啡——巴黎人當成水一樣喝個沒完的飲料、可可亞、靛藍、陶瓷，甚至還有棉織品，當然也包括了糖，殖民地聖多明哥是世界上第一個糖產地。

凡有利可圖之處，金融家都不會錯過，他們大量投資各個印度公司，就像銀行家內克爾，從大西洋沿岸地區的各港口發跡致富。

種植園主[3]和新世界的佃農，為了維護自己的利益，迫不及待要威脅脫離殖民，他們認為自己才是所有這些財富最早的創造者。

他們的奴隸將會大聲叫好。

陛下……

我們抵達格黑夫廣場了。

朕沒有瞎。

巴黎人喧嘩的歡樂……

……才不過三天前，人們割下這老伯爵德·洛奈和可憐的總監德·弗萊塞勒的頭顱。

嘩啊啊啊！

國王萬歲！

這群野蠻人。

國會萬歲！

我們的小
米哈波媽
媽萬歲！

國家萬歲！

國王萬歲！

我絕不是在鼓吹要跟這些混蛋談條件，也不會拋棄兩千三百萬名在一個全能卻毫無作為的國王統治下挨餓的人，去那些島上搞投機買賣！

聽您這麼說，您可能是他們唯一的希望……您以為自己是內克爾嗎？

那個騙子？公家盜賊集團的大指揮官？

一有機會，他將帶著剩下的王室寶藏到奧地利，您可以相信我！

或許會，但他只是靜觀不動就擁有人民的信任。並不是你說了這樣的道理，我們就會聽到有人在遊行隊伍裡高聲歡呼您的名字，馬哈[7]！

您錯了。我所說的是事實，世人會為此感激我！

啊呵呵！

您沒有看錯！

您真是帶了名副其實的亞馬遜女戰士來找我這啦！

幸好手槍沒裝子彈！

您說笑嗎？裡面一直都有子彈！

告訴我，您徹夜跟我一再提起這位年輕姑娘給您的純樸意象，將她加冕為一位站在豐饒戰車上的女神，不久前才永遠改變了您的人生……

不對，那……

不只是她而已！那就好像是某種東西對我的啟示……

您卻沒告訴我您認識她。

才不是！

是嗎？她反倒記得您。

我可以跟您發誓我從未見過她！

她應該是把我當成別人了……我怎麼知道……？

呃啊！真他媽的！

無論如何，我的補藥效果好得沒話說。她就這麼跑了！

您的藥水並不是毫無作用，她應該是嚇到了。一定是！我到底做了什麼蠢事，我實在不應該帶她到這裡來……

完全不適合！

您都沒有稍微考慮過嗎？

納坦姆跟我說過您是醫生，我一時之間沒有其他更好的想法……

請別太自責，您向她伸出過援手，對像您這樣的人來說已經是為人稱道的英雄之舉了。

但？！這樣沒錯嗎？！

必須遵從的不是您那些種植園主朋友的無恥妄想，反而是您這股想要解放本性朝向人群的衝動。您必須娶它，背棄您的社會地位……

總之我肯定您早已心裡有數。

娶她？！您到底在講什麼？我甚至連她叫什麼名字都不知道！

跟她沒有關係，笨狗，您自己就已經講了！我跟您講的是全體人民！

您真是瘋了！

阿貝爾，當您酒醒了，這個女神意象再次糾纏時，關於您的兄弟，請記得我剛剛對您說的話。

那只對他有用，不管他怎麼說，那是他戰鬥的真正意義……

最難的不是背叛他，而是不屈服於想要效仿他的誘惑。

噗──

不出我所料，妳出賣自己的肉體。

不！不是這樣……

他們沒有碰過我！

他們？

有很多個男人？

什麼？

啊！！欲求不滿的女人！妳們的醜陋行徑真是毫無極限！妳們總是想要更多！妳們沉溺在罪惡裡，引誘人父人夫陷入妳們可憎的狂歡之中。

妳們還不知羞恥來乞求天主的寬恕？？

神父！

去別的地方清洗妳的靈魂，蕩婦！我受夠了，那些像妳這樣的人！

嗚……請大發慈悲……

他們沒有碰過我。

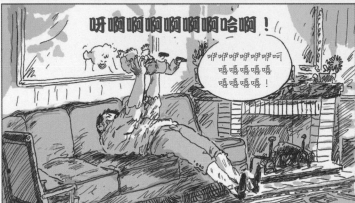

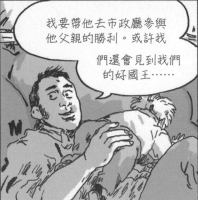

有重要事情得做，才沒有！我早就該動身出發了！

我到底在等什麼？……

嘿嘿嘿！

好啦⋯⋯你母親沒錯，奧古斯丹的勝利對我們而言來得太快。

尚一瑪麗？！

媽的媽的媽的！

尚一瑪麗！

哈哈哈！他們不懂規矩……

這種公主般的衣服在這裡不常見，從這邊走……

老早以前我就確定會再見到妳那雙大耳朵。妳最後決定放棄那個小獨眼啦，是嗎？

那……又是什麼讓妳得來跟貧民乞討一個草蓆的角落？

妳可以放心交給我們替妳弄出一個小地方！

咖啡館 茨草館

POUISAUL

？

嘿！

放開我，看門狗！我有可以在這裡賣東西的執照！

吸血鬼！

這就是我們要去夏特萊弄清楚的事。

那正好！中將認識找！

243

您昨天有看到路易嗎？

剛好就在我面前，我看到您就看到了他！

今天早上港口的貨物真是慘啊！全部都爛掉了我……

吼啊啊啊啊，這些該死的蒼蠅！

就是這股熱氣，我都已經無法呼吸了我……

您看到他的帽子和整個人嗎？他真大一隻！

今天會很平靜。

因為到處都發生搶劫。

人人都害怕！這情況會持續下去。

我很驚訝這些日子我們還是做很多工作……

我們都鬆了一口氣！

是嗎？

自從軍隊被召回以後，我們都鬆了一口氣！

嗯……對我來說他們離得還不夠遠。

好啊，不要不好意思啊！

夫人……

求求您！

是妳？

來吧，從那裡出來。

好哇！這姑娘不錯呀！她在這裡幹什麼哇？

245

那麼……只要妳給我說清楚妳在我的攤架底下做什麼。

我來自聖敘爾比斯教區，我曾為哈爾端老爺夫人工作，就在聖安托萬的英國少女路上，但是老爺在黑維雅那裡死了……

於是我在布希婭廷娜慈善工坊裡找到一個職位，但是已經沒有作品可做了，我就被解僱，然後我去幫隆塞勒夫人賣便宜貨，在……

好了！

我賣過魚，您知道的！白姑魚……呃，我是說撥魚！

有人對我心懷不軌！有人想要讓我墮落，我沒有地方可以去，您一定得幫我！

冷靜！

冷靜。我才想到還不知道妳叫什麼名字。

露伊絲，夫人！我工作勤快，我不會偷懶，您可以要我做事，我不會要您一毛錢！

僅此而已的露伊絲？

……

很好，「就醬子」的露伊絲。我們來看看能給妳找什麼事做。

我叫漢娜·歐杜！

我知道夫人。您已經幫了我太多，我吃了這麼多的苦。

哈！妳不會是最後一個，去……

拿著！現在去幫我們買熱餡餅，然後妳再去喝一杯咖啡和一杯白蘭地，可以讓妳恢復體力。

噢，夫人！

我……

怎麼了？

我……我不喜歡熱餡餅。

哈哈哈！好哇，妳還真是敢講啊！哈哈！

IX

吊在格列夫廣場路燈上處死之貝爾提耶[1]先生所經歷的痛苦。

整個國家不寒而慄。

可怕的傳聞在鄉間造成恐慌，有人描述這幫盜匪散布在每條道路上，收割尚未成熟的麥子、洗劫農莊。農民和地主都武裝起來要對抗這項威脅，並趕在方圓數里內敲響喪鐘前通知鄰村備戰。

通常這樣整隊豎立著除草叉和步槍的巡邏隊伍，在路上飛揚的灰塵裡，多半會被人當成巡邏隊自己提議要擊退的匪幫。

為了管理在全國各地興起的這些民兵團，外省城市決定效仿巴黎的例子。受到來自市民階層的壓力，巴黎市政府不得不同意建立一支有四萬八千人的警力，人員從首都內六十個行政區的居民內徵召，並全權交由德‧拉法葉侯爵指揮。

這支新生的巴黎國民自衛軍匯集——至少書面資料上是如此——六個師，各包含十個營，每個營包含四個各編制百位志願平民的連，以及加上一個純職業軍人組成的所謂「中心連」，絕大多數都來自澈底潰散的法蘭西衛兵。

指揮職因此很自然地都落到貴族身上。

所以呢？

沒什麼！他們只是要求收回封建頭銜好把城堡燒光，但面對城堡人馬的抵抗他們最後只能退縮。

離開時他們還是襲擊了鴿棚[2]……

我想要親眼看到鄉間的混亂情形，我也已經盡力了，到處都有人武裝起來對抗盜匪，最後到處燒起來的都是城堡……

如您所言，雷格黑。我開始相信我們從各地接獲通報的這些瘋狂盜匪只是一個藉口……

今天無論哪個貧民都有把步槍，開始用來反抗他的領主，全托國會之福……

那為什麼夏特萊方面毫無動作？！

吉爾……

命令是從離這裡兩百公尺的皇家宮殿下達的！

您想要什麼？我們陷在徹底的無政府狀態裡，我再也沒有收到任何人的命令了……

就抓住機會行動啊！我還知道有人準備獎賞主動採取作為嘗試恢復秩序的人！

我還想保住我的項上人頭！人人都糾結於貴族陰謀論的念頭。他們以為國王會任憑宮廷和凡爾賽的那些外國勢力所擺布……

市政府甚至要求我派遣巡邏隊去巴黎所有未受影響的採石場，確實把潛藏在首都裡不知道哪來、等著幹掉我們全部人的奧地利軍隊都趕出去。

貴族變成整個王國的代罪羔羊……

您在那裡有找到什麼嗎？

一些搞雞姦的？逃兵？私鹽販？

什麼都沒有。

除了這個令人作嘔的小女孩……

天知道她在裡面待了多久……

也不知道是什麼樣的奇蹟讓她能活下來！

您說一個小女孩？

我把她交給硝石庫醫院「妥善照顧」了。

253

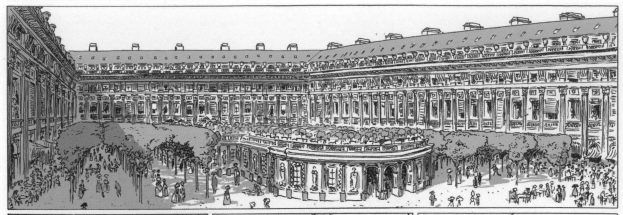

奧古斯丹！

在這裡！

「在皇家宮殿的露天咖啡座」。真有你的，不能寫得明確一點嗎？

我以為你在開往聖多明哥的船上耶！

但是？

我總算把你從俱樂部裡給引出來了。你的臉色真差啊，我可憐的兄弟！

你是從哪找來這⋯⋯一身衣服？

你看到啦？我去找人量身訂做的！

你居然還有帶徽的雙角帽跟全部裝飾！

還有劍！你覺得如何？這套跟拉法葉穿的是同一個款式！

就只差飾帶了。

真嫉妒！

那你為什麼想要穿得像頭牛？

牛？嘿！注意你的措詞！你講的可是新國民自衛軍的指揮官。

收到你的便條時我還跟他在一起。他整晚都在抱怨我們進展太快，急於求成……

幸好，他一下馬就沒有人聽從他了。

但……你認識拉法葉？？

他無法阻止我們集中反擊。

什麼？

沒什麼、沒什麼……今晚的會議差點要一觸即發。

真優秀！針對所有決議的新決議嗎？

什麼？沒什麼、沒什麼……

你別笑！

總之，花三十秒就能看清這傢伙是個自大的草包。

市民注意！要是你繼續侮辱我的長官，我可得要把你關起來！

你的……？？

當然不會啦！我開玩笑的！哈哈哈哈哈，看你這副表情！

蠢蛋！你嚇了我一跳。

我還真的以為你加入軍隊了！

就像那次你步行前往布黑斯特，父親得要買通海軍後勤官把你的徵召通知收回。

奧古斯丹……

我加入軍隊了。

少胡扯了！我們就不能一天不看住你！

阿貝爾！我很累了！我已經整整一個星期沒有踏進家門，沒有見到康斯坦絲和尚一瑪麗，自從三級會議召開以來就沒有好好睡過一晚……然後現在整個國家決心要鬧個天翻地覆！

我沒空在你背後阻止你去做你這些蠢事！我沒辦法！

嘿！別用這種口氣跟我說話，可以嗎！

你把自己當成什麼人了啊？你以為革命是你自己一個人就能搞起來的嗎？難道你在凡爾賽宮毫無作為的時候，我們得在旁邊幫你們計算比數嗎？

你說毫無作為？你說我們的憲法？？我們正在改變世界啊！沒錯，跟為自己訂做一套制服相比，這的確會需要一點時間！

醒醒吧，奧古斯丹！我們不還手是不可能會贏的，你老是要我相信你和你的那些小夥伴會這麼做！

唉……國民自衛軍，天啊！

你在哪個連？

我不知道……就有缺人的地方……我想是聖馬塞爾吧。

聖馬塞爾！？！巴黎最糟糕的郊區！

這群人全是野蠻人啊！十天前就是他們把一個部長和一個總監的頭顱帶上街頭遊行。

還真是兩個十足的無辜者！我提醒你，正是因為這些你稱之為野蠻人的人，你今天才能還生在議會裡。

我實在不懂你說的……

少裝傻了！他們拿起武器、拿下巴士底監獄才化解了你們的危機！如果沒有這群暴動者，你們可能正在牢裡腐爛或早就死了！

又是這套王室陰謀論？

可是該死的！我沒有憑空捏造，奧古斯丹！現在別來跟我說你們從來都沒相信過，你們老是幻想為了理念殉道而死！

那接下來呢？你當真以為我們會在發言臺上感謝你的殺人犯嗎？已經有人控訴我們要為這全部混亂負責了。

但還有誰？這不就是你們要的嗎？一場革命啊？？

你什麼都不懂……

我不認為你這身漂亮制服能有什麼用。

你什麼都不懂。我不是為了炫耀才入伍，而是為了守護巴黎市民。

啊，這樣你會有得受的！

至少你的薪餉還不少吧？

你以為我簽進去的是有給職衛隊嗎？

我甚至把大筆積蓄捐給他們添購軍隊裝備。

他們很滿意他們的新中尉。

他們是應該滿意！

啐……

哎哎！

勒荀阿惹·德·凱爾維雷甘中尉，心胸寬大的騎士……這一切的背後都是因為一個女孩吧！

亂講！

哈哈哈！要是父親知道你把他的錢……

你不會想告訴他的！

他可能會不讓我繼承遺產。

哈哈，你真是瘋了！

無人不因法蘭西上演的這些駭人景象而感到顫慄。混亂和暴力在每個地方敲響眾人腦中的警訊！

這些混亂只會延緩我們的工作，並只為公眾利益的敵人服務。

雷格黑……

晚安，尼可拉。

奇怪的私人會面場所……我覺得您似乎很厭惡這些民主猴戲。

您想得沒錯，我不是因為喜歡才來這裡。

根據我的消息來源，布列塔尼俱樂部正策畫一場新的行動……

又是他們？？

不然您希望是誰呢？我們放任他們自由活動，然後現在……您看看他們，全部都在那裡！

但是諸位先生，我們怎麼能希望單純終結這些暴力，而不用承認是什麼原因造成的？在請願書裡，農村人民，也就是絕大多數的群眾，已經提出了要求。他們要的不是一部憲法……

而是減輕封建權的負擔！

您是為了讓我聽這些才要我來這裡嗎？

說得好！

肅靜！

住口！

當然不是。但請張耳仔細聽，因為他們就在那裡，您真正的敵人！

說得好！

三個多月以來，人民看著他們的代表負責管理我們所謂的國家，但是對人民來說，國家似乎就是他們亟欲獲得的東西……

他們要面臨某些有權有勢者對他們祭出的抵抗，才認為必須要武裝起來，今天他們再也無法停手。全法蘭西各地都有人民形成某種聯盟去破壞城堡，尤其是侵奪封建地主的頭銜。這種造反的行為，無論是否應當譴責——因為它是全然的暴力侵犯——都能夠從人民所深受其害的欺壓中找到理由。

發言的是一個子爵，您能相信嗎？

您有消息嗎？關於我們要找的那個竊賊……

有。

我就知道，我就相信您可以辦得到！

我有聽到那時候的傳聞……您先好好保密，改天再把事情的全貌告訴我。

必須得說，那件事真的不會給您帶來榮譽……

這又怎麼能怪我們！

的確。您怎麼會想到這個舉止迷人的年輕男子並不是他所自稱的亞歷山大·德·黑切羅，維拉·索爾尼亞侯爵，而是無法無天的投機分子，尤其根本連貴族頭銜都沒有？您對他著迷，甚至把他引進您的圈子裡，而且還是您引介他給您的姊妹……

這些我都知道！

感謝上主，您的父親及時審慎地介入關心這個冒牌貨的出身，婚約才因此得以取消……

更讓我驚訝的是知道芙抗索瓦絲沒有受神感召進入修道院！

這是為了她好。

言歸正傳，他在哪？

我從他牢房裡找到的筆記裡面沒有發現什麼重要的訊息，天啊，關於這點……

筆記？

都是關於哲學，最糟的那種。他的文字遠比他的劍還要來得危險。

這些筆記在哪？

我全都燒了，相信我，您不會希望那些思想散布出去。

但他真是個不得了的人物啊！您可知道他是狄德羅[4]的門徒之一嗎？他自誇一抵達巴黎就被帶去這個老放蕩的床頭前，甚至聽到他最後的遺言。

總之……您根本沒有他的下落。

他在您許多朋友的家中出現過，他逃脫兩天後，帶頭率領一支暴徒軍隊到這些人家中徵收武器。同一天，有人發現他在聖洛克帶著一幫盜匪，在巴黎大堂那些縱火犯和專門鬧事的造反分子旁邊。

他住這區，與民兵團經常往來，八天後再度消失無蹤。

然後？

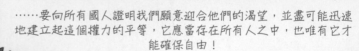

接著呢？

我覺得，諸位先生，在制定這部為之奮鬥所期待的憲法以前……

……要向所有國人證明我們願意迎合他們的渴望，並盡可能迅速地建立起這個權力的平等，它應當存在所有人之中，也唯有它才能確保自由！

說得好！

說得好！

貴族站在我們這一邊！

在那之後就再也沒有消息。但您請別擔心，他再次現身時我就會知道。

艾吉永公爵大人要發言。

聽過這些強而有力的論述後，諸位先生，我很榮幸向你們提出我所擬定如下的決議。

終於來了。

國民議會，鑒於其首要且最神聖的職責在使特定利益為普遍利益讓步……

……裁定迄今享有豁免特權的個體和社會等級，日後沒有區別，同樣要承擔所有的公共支出。

說得好！

什麼？？

實在不敢相信，他們就要這麼做了！

說得好！

說得好！

投票！

付諸表決！

您聽到了嗎，雷格黑？！！？那些權利是合法的！那是貴族的特權！那是聖路易，上帝賜予我們的！我們為此付出了鮮血！！

廢除特權！

所有貴族正準備逃離這個國家，難道這就是他們要的嗎？？

請等等！

然而不能佯裝無視這些特權都是名副其實的財產……

啊！

……而一切財產都不容侵犯……

國會裁定日後這些特權，都將以所有外省認為公平的價格來償還……

我知道。

……所有這些義務與稅賦都將維持原狀並繼續徵收，直到完全清償為止。

我笑了！誰能來償還？！那些還巴望著這些偽君子提供援助的貧窮郊區，將會一律平等地繼續餓死！

這就是他們所宣稱的革命嗎？他們只想到錢，他們唯一的信條！

提案通過！

我聽夠了。

請注意……輪到德·凱爾維雷甘大人發言。

首先我想要向在我前面發言的兩位可敬同儕所表現的愛國美德致上敬意，他們儘管身為卓越的領主，卻勇於出言反對封建制度的黑暗。

OUI!

對我而言，我認為這項決議雖然公正，我們還應當使所有階級的公民接受相同刑罰……

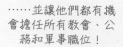

……並讓他們都有機會擔任所有教會、公務和軍事職位！

嘩啊啊！

我提議不僅要向地主收購土地，也要向教會收購土地！

嘩啊啊！提案通過！

至於我……

太好了奧古斯丹，我們贏了！

我自己則公開放棄專屬的狩獵權，並要求為了所有人廢除這個權利！

說得好

投票！

說得好！

投票！

提案通過！

國民議會萬歲！

我願意犧牲我專屬的養鴿權！

我要求所有貴族議會成員輪流做出犧牲！

我們來廢除司法權！

國王萬歲！

嘩啊啊！

付諸表決！

付諸表決！

才怪!這對我們來說會有什麼改變?而且在鄉下,我可不認為……

又來了!他們數量還不夠多到去利用這個機會。

是啊……但無論如何,貴族打從骨子裡就想主導,至少是這樣。

必須起身帶頭……

啊,您來了。

這裡是您負責的嗎?

託上帝的福,現在不是了。

總之,多虧您!

我終於可以在澈底累垮前回去工作了。

聽說您有一些積蓄,很好。無論如何,我想您知道您正在做什麼。

先生,軍事對我而言可以說絲毫不陌生!

我們這些貴族似乎天生就懂,這是與生俱來的!哈哈哈哈!

哎哎

這些是鑰匙還有要簽收的單據。

等等……

就這樣?

您還想要什麼?

要交給您的有這本志願兵名冊，那本記錄您各項報告的工作日誌，您的印章……

而這份則是印有信頭的信紙，讓您用來跟地區行政單位與市政廳聯繫。

還有跟參謀部？

當然還有跟參謀部！……

如果您有辦法聯繫的話！

您別擔心，這幾位先生將有義務向您說明勤務內容。

至於剩下的，您只需要發揮您血統的本性。而找呢，還有一間店鋪得經營。

那軍械庫呢？

各位先生……

在七月十八日到二十四日之間這裡都沒有任何紀錄。你們整整一星期什麼事都沒做嗎？

我二十六日才來的，是我們在路爾辛門擊退盜匪的時候。

我從一開始就在那裡……十八日？

那天不是感謝主恩日嗎？我們全部都在聖惹內薇耶芙修道院。

後來那幾天我沒有離開過我的店鋪，因為到處都發生搶劫……

但是！你們是衛兵啊！

或許吧，但我有生意要做，還有家庭要保護。您不認為那比這一切更重要嗎？

你們對你們新中尉呈現自己的方式可真是愛國。

大人！呃……中尉。我們是來幫忙的，但您已經看到這三週以來發生的所有事情……

群眾拒絕交出武器！他們為什麼要呢？我們人數不夠多啊。

好……你們只有三個人嗎？那其他人到底在哪？

我不知道。可能在家裡、在工作……

去把他們都給我找來。

全部？

沒錯！

去找！

很好、很好
……

有沒有人不是磨刀匠或糕點師傅的啊？有任何當衛兵經驗的人嗎？

我當砲手打過七年戰爭，結果就這樣了！但我在這裡，我可不氣餒！哈哈哈！

你呢？

問我的經驗嗎，中尉？

三個星期以來我都在國民自衛軍裡服勤，相當於參加所有波蘭或野蠻的戰役[8]。您才剛加入這支有史以來規模最龐大的十字軍啊！

說得真漂亮。你是誰？

人稱維吉爾，來自聖洛克。

維吉爾？妙極了！我們正缺一位詩人。

268

X

不自由毋寧死

聖馬塞爾區國民自衛軍的部隊旗。

　　最近幾個星期發生的事件宛如一陣風暴襲捲
了法蘭西。王國從這場動盪中恢復平靜，改變了
樣貌。

　　多少空缺的職位在流亡貴族逃離後（連帶造
成一整個包括假髮師、香水供應商和侍從的失業
階層）需要填補，多少在七月期間新生的政體空
缺需要有人接管，多少要抓住的機會、個人的創
舉、尤其是猛然自古老枷鎖裡掙脫的野心！

　　對許多人來說革命似乎已經完成……再說，
證交所近期重新開張，不就是眾所期待的最佳明
證嗎？

不過嘿，露伊絲，這個來自聖洛克的男子是不是有點愛上妳了啊？

太好了，雷格黑！您比我們預期得還快就把獵物揪了出來！

我就跟您說了！

至少，他甚至沒想過要躲起來……他現在讓人叫他聖洛克的維吉爾，僅此而已！

你們看看他在新的共犯之間趾高氣昂……

那是巴黎大堂搬運工裡最粗暴的一個。他自誇單憑一己之力破壞了巴士底監獄的釣橋。

這我毫不懷疑……

……而那個就是漢娜·歐杜！

主導市場女魚販的老鴇，她自稱是姊妹的女王[1]，她們尊敬她，不如說更怕她。

多麼厚顏無恥，不是嗎？

……手推車的車轅從我
正上方過來，這個笨蛋
當然什麼都沒看到！

您就跳進了
大酒桶？？

兩腳跳進蘋
果酒裡！沒
得選啊！

當他們把我拉出來的時
候，其實我已經醉了！

您那時幾
歲？

十二歲！

希望你們相信那
件事讓我對蘋果
酒倒盡胃口！

哈哈哈

對了，中尉……您
家鄉的習俗是不是
領主的兒子要和佃
農一起工作呢？

當然是啊！收成的
時候，頭銜不再有
任何意義！

我們全部都要
做！收割、打麥
脫粒，全部！

我們和我們的農
夫一起長大，您
相信嗎？

我無時無刻都和
奶媽的幾個兒子
一起混。

您要喝點什
麼嗎，朋友？

衣服好看！
您是哪個連
隊的？

都不是。

我是占領巴士底
監獄的那群。

噢、噢！巴士底監獄的勝利者，又一個！

顯然在巴黎這些監獄容納的百來位囚犯裡，或許還能發掘出更多的愛國勇士，把所有監獄都攻陷！嘿嘿！

我們舉杯敬七月十四日的英雄！

那您呢，聖洛克，您沒有這個小勳章嗎？我無法相信您沒有趕上潮流！

不過，他擅長在監獄裡放火⋯⋯

？

只有當我是被關在裡面的時候。

逃獄？！喔喔！說給我們聽聽吧！

說吧！

革命在修道院監獄的牢房裡找到我。

有一天我不幸在路上遇見這群年輕漂亮、滿懷自尊，激發著巴黎貴族驕傲感的其中一個……

一個女人啊？是吧？

……她把我當作稀世珍禽一樣放在她的肩上。而通常在這樣的情節裡，她的父母只需要一封有國王蠟印的信，就能把大意疏忽的鳥兒關進籠子……包括他的女主人！

十四日，那時我想的是另一座巴士底監獄：我們禁閉犯錯者的修道院。

……她從此要在裡面試圖認錯的地方。

因為最後她寧可選擇聖靈也不要我，真是莫名其妙！

哈哈哈！

?

彷彿天主的仁慈會解決整件事情一樣。

請恕我離席……

各位，我只能自豪在我的指揮下還有如你們這般的士兵，罕見的毅力，陶冶於工作和儉樸，受生活勞動的各種艱辛所鞏固。

而且我很慶幸看到即使在郊區最底層，我們的同胞裡最不受照顧的這些人，做為家中的好父親，都意識到在這混亂時期，維持秩序有絕對的必要。

你們證明了身分不算什麼，功勞才是一切。

你們不只守護你們的房子、店鋪、行政區而已……你們是祖國的救星！

嘩啊——支持將軍！

中尉！

？

無論您究竟是誰！

是您？！

走開！走開，下流的偽君子！回去您的……城堡底下，或之類的，要是您有的話。去見魔鬼吧！再也沒有人接受您的謊言和詭計了！

露伊絲！

可是……

尤其不接受您的骯髒錢！

露伊絲！別說了！

我就知道。我就知道！

露伊絲！

露伊絲？這是您的名字！

她瘋了！

她到底是怎麼回事？她讓我好怕！

這幾個星期他到處跟蹤我！他……他在半路上綁架過我！

我？

我以為您只是想打我貞操的主意，但您突然就在光天化日下大搖大擺地走著，好像您跟我們是一起的……事實上您打算敗壞危害我們全部的人！但這都結束了！我們再也不會被您這類的貴族無賴所收買！

她會閉嘴嗎，這婊子？

真是丟臉！

把她關起來！

先生，我再也無法容忍您受人辱罵，一句話，我就會教訓她。

送去硝石庫醫院！

小姐！請等一下！

對不起！對不起！我真蠢！我很抱歉……都是……

不不，沒事沒事。

是我的錯，該道歉的是我。而且……

我……

我知道您要逃跑的理由是什麼！

怎……怎麼說？

我剛剛忍不住聽妳說的話。
我從未見過這麼勇敢的年輕女子。您讓我印象深刻。

使我感動得落淚。

當任何其他人寧可就這個「中尉」對您所做的事情保持緘默時，您決定說出來。

不對，他沒有對我……

尤其您沒有一下子就上了他的當。

來，我們不要待在這裡，這個男人很危險，而且他還有同黨。

但是……

露伊絲！

妳怎麼都沒跟我們說？？

如果這下三濫碰過妳，一定要找他算帳！

但，不是……

小姐，那遠比這件事還要嚴重。妳們知道他是誰嗎？

我知道的足夠讓我保持適當戒心！

就像所有貼著我身邊打轉的無賴一樣，大人！

妳們做得很對，哈哈！

這個男人，是化身為人的魔鬼！

他不是和您與我一樣的中尉，您懷疑得沒錯，而貴族，我可是完全不相信！這個惡棍和他的同黨遠比單純的皮條客還更壞。

他們要推翻國王！

什麼？！？

他們達到目的了，看看您的週遭……我們深陷澈底的混亂！

等一下，您是誰？搞陰謀的還是告密的？

哈哈！看來您學到了教訓。我叫杰宏·雷格黑，我是記者。

妳們知道報紙是什麼嗎？拿去……

幾個星期以來我都在期盼能有證據讓我向當局舉報這個陰謀，但我孤掌難鳴，幾乎已經來不及了。

這得做些什麼才行！

哇……這全都是您做的嗎？

完全沒錯。

用手寫的嗎？

哈哈哈！

如果您說的是真的，那他給您的錢就是戳破他並證明他資助這一切的唯一辦法。

呼哈啊支持德·拉法葉將軍！

諸位吾友謝謝！國民自衛軍萬歲！

國王萬歲！

將軍萬歲！

加油中尉，我們全都與您同在。

國家萬歲！

那麼？這個錢在哪？

我……我已經沒了……有人偷走了。

妳說什麼？！

該死！沒有人會相信您的！

我沒說謊！

至少可以聽她說的話吧！這可能是逮住這個卑鄙小人的唯一機會！

嗯……

既然這樣，妳們跟我來。
或許妳們是唯一能讓真相大白的人。

我們要去哪？

去夏特萊！

我竟然沒想到這個偽善者一直都近在眼前！吼啊啊！我想不起他的名字。

如果我告訴妳們這個壞蛋在國會占有一席，妳們可能不會相信我！多驚人的騙術，我始終沒有看出來。天知道他準備用多少謊言來掩藏他的真實本性。這一切都是天意！

事實上，他很可能是受外國勢力的指使，從倫敦，我非常肯定……那個犯罪之都。

錢就是這樣來的！為了讓他們群起暴動，他在所有郊區投入大量金幣。

?

真是邪惡！

大人！有一個自衛軍的成員，必須通知他，他可以幫我們！

是嗎？

等一下……

大人！

維拉·索爾尼亞！

別叫他！妳們全都瘋了嗎？那是其中一個同夥啊！

您在說什麼？

您別擔心，我們認識他！

怎……怎麼會？

那是聖洛克大人，露伊絲的一個好朋友！嘻嘻嘻！

可是！呃！

維吉爾大人！讚美主！

喲，漢娜·歐杜的各位小幫手啊⋯⋯

您得幫我們！

漢娜·歐杜？！啊妳們原來都是一夥的，女魚販、暴民、假代表，我全都搞懂了！

嘎？

您的真面目被揭穿了！維拉·索爾尼亞，我全部都知道！

搞什麼？？

呃！

抓到您了，害蟲！

您抓到誰？

啊！

這是什麼意思？

女叛徒！放開我！

您到底是誰？

我認識您嗎？

啊！這是個卑鄙的陷阱，我怎麼這樣天真，自投羅網就像個⋯⋯

蠢⋯⋯

！

尼可拉！

?！?

哈哈！我不會這麼簡單就讓妳們帶走！

到我這！尼可拉！賈克—路易

姆呼姆姆呼嗯

有人要殺我啊！您快出來別躲了啊！

幹得好啊，雷格黑！

噢、噢……

您完全壞了我們出其不意的效果。

對你來說這不會有什麼改變的，混蛋！

該是付出代價的時候了！

哈哈！就是這樣！算清他的帳，各位男士！

妳們，放開我！婊子！都結束了，不要再玩了！

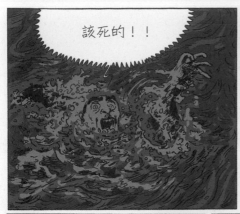

XI

賣傘人。

　　秋天到來，國會完成了《人權和公民權宣言》的初稿，然而國王卻默不吭聲，始終拒絕批准。儘管秋收充分，巴黎的糧食供給依然問題重重，麵包價格上漲至一斤三蘇。對那些最貧困的人來說，夏天的政治勝利只剩下口頭上的空話而已，絲毫沒有驅散飢餓的幽靈。

　　此外，內克爾必須接受他那龐大的借貸計畫已顯得窒礙難行。國庫前所未有地空洞。

　　但仍然是有關王室夫婦最近荒唐行為的傳聞，點燃了巴黎人（特別是巴黎女性）心中的怒火：國王和他的妻子在設宴招待法蘭德斯軍團的場合上，興奮接受了眾多軍官反對國家思想的宣誓效忠。

　　奇恥大辱，三色帽徽竟遭人踐踏！

給我加進滿滿牛奶和一斤糖的巧克力！

鼻——要！給我一大杯加了丁香的熱紅酒。

夫——人點熱紅酒加丁香嗎？就這樣！

嗯嗯嗯嗯！像聖日耳曼市集裡賣的那種。

那我，我要加梅子。貝爾納丹小梅子，要那種的。

為什麼要小的？

他們這裡應該要有咖啡喝才對！我很意外我們這些兜售思想言論的商人竟然只喝水。

看到他們願意留給我們那些吃的，我覺得他們不應該這麼省。

我並不會排斥稍微站在他們的立場，妳看……

哈哈！我能想像這裡是一幅畫！《發言的是歐德·杜布瓦，人稱多多，代表……

代表肥黃雀！

嚶嚶！

唔！

好吧，身為人民代表，我鄭重宣布所有臭腳丫的女人都必須截肢，然後這些臭腳丫都要用來當作對抗王國敵人的武器！

啐……

如果我可以禁止某件事，我會禁止在雨天穿會弄皺的長袍……然後我要求所有男人要把我們背在背上過街！

我會把全巴黎的馬車伕都送去罰划船，讓他們學會怎麼駕車！

我會讓酒每星期喝一次不用錢！

好哦！

或者乾脆整個星期都不用錢！

我會縮短彌撒時間。

要是酒都已經不用錢了，也不再需要彌撒了！

哈哈哈

哈哈

各位大人，請記下來寫進各位的憲法裡啊！

嘎啊啊啊嚏！

嗤嗤

哈哈哈

305

我會讓所有東西都不用錢！

哈！那我們要怎麼賺錢？

好……如果全都不用錢，那就再也不需要……

她真是胡說八道！既然這樣，那我要宣布所有賣魚婦每個人都會有一座含四十名僕人的城堡，而魚會在漁市大堂裡不用人管自己賣自己！

嘿嘿！

要命！我們會在這裡冷死！

他們至少應該可以給我們毯子吧，我的指尖都變黃了。

儘管如此……你們想想，生活在這裡，每天都能遇到國王！

別擔心，等著吧，我們把他從這個蜂巢裡揪出來的時候，你會看到他的，而且會看得更清楚。

看！那是誰來了？

妳們看看這個東西！他就非得再穿上他那套嘉年華制服。

喬瑟夫！

喂！各位男士，你們仗都打完了才到！會議老早就結束了。

拿去，我幫你留了一根小小的短香腸，議會副主席親自送的！你們在幹什麼？

國民自衛軍護衛我們過來，花了點時間。

啊啊啊啊！是拉法葉耍小手段讓你上當嗎？

我向妳保證，那傢伙真是沒有用！我懂為什麼美國人要把他送回我們這……

他考慮了五個小時才決定要再雙靴子跟隨妳們。

我們的火槍手不在嗎？

聖洛克在城堡裡，那邊跟衛兵的情況變得嚴重了……

那些白褲子的混蛋！

那中尉呢？

凱爾維雷甘？

他說要去見某個人。

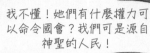

我不懂！她們有什麼權力可以命令國會？我們可是源自神聖的人民！

那你所稱的「人民」究竟是什麼？

看看你們自己，你們在凡爾賽就像受寵的公雞一樣生活，自以為活在宮廷裡！他們要把國王帶去巴黎是對的，你們也要一起去！

然後……

我承認這個營地裡不乏驕傲的人！

呸！你應該看看她們把所有東西都弄得溼答答的……連席位的布幕都弄髒了！

結果是我們浪費了整個下午！

你們已經浪費了六個月的下午。所以她們才會在那裡，你們沒有做好工作！

聽到你這番話還真是令人開心啊……

人民總是餓死，你該設身處地為他們想！

我不懂這個景象裡有什麼能讓你著迷……是你那出名的「預知幻象」，是嗎？

我只看到悲慘跟某種絕望的拚到底主義。

不是絕望的！這是另一回事！

你沒看見嗎？她……她們的笑容！

女魚販的笑容……嗯哼！原來這一切都是因為一個女子。

不是，你什麼都不懂！你好好聽我說一次！

我懂！

因為一個女子。但也有別的原因……

你在玩什麼？你以為他們會把你當成自己人嗎？你能分享什麼給他們？

老爸的錢。

嘿嘿

嘆味

既然提到沒把工作做好的人，那國民自衛軍不是該防止群眾擴散嗎？

自衛軍在那裡是要保護巴黎人，不是要妨礙他們！

有時候那是同一件事！

或許對你兒子來說是這樣，但這些人不是三歲小孩！

看你是怎麼對待他們的！你必須聽他們說話，他們就是第三等級，他們就是革命……

你別太依戀……要是他們繼續做蠢事，你很快就得從上面朝他們開槍。

這就是你為他們準備的？

碎碎

轟隆

從城堡傳來的！

你總是對的，不覺得煩嗎？

轟隆隆隆隆

309

王室最有權力的人已經很久沒有從邊界的另一側經過了。

啊啊！他們就待在裡面吧，一群膽小鬼！

請相信他們對我們這場革命畏縮的企圖，心裡肯定有其他的盤算。

幸好有巴黎婦女保護我們！

是嗎？同時熱烈歡迎躲在華麗馬車內的暴君？

路易十六是我們的頭號公敵！

您真是烏鴉嘴！

瞧，那是您的小亞馬遜女戰士……

您就是沒辦法無視她嗎？

我什麼也沒做啊！

我要走了。我去別的地方煩人。

您不顧傷口還是要來陪我們嗎？

啊啊！您提醒了我傷口還在痛！

313

似乎可以肯定，最近這些使我們必須聚集在此的混亂……

那些搶劫和他們可怕的處死隊伍……

……都無法歸咎於所謂的饑荒。

我們必須應該找出是誰藉由犯罪的手段在利用這些機會。

因為我們的職責就是要不計一切代價捍衛自由……

為了驅散所有可能擾亂公共秩序的聚眾，議會宣布實施戒嚴令，必要時採取武力。

什麼？

戒嚴令？！

哼哼哼！

巴納夫大人……

我把一生奉獻給了真理……

當然它是維持這個保護弱者，並使人在其義務中堅定之秩序的唯一方法……

這件令人痛苦的事應該要讓你們知道……

真理將不會贏得這場戰爭。

我們過去太懦弱，太天真。當我們的敵人暗中磨亮準備好武器時，我們還在相信華而不實的空談。今天他們在大街上殺害我們……

被迫潛入黑暗不再發出聲音的卻是我們。

但既然我們被剝奪了話語……

我們要變得可怕。你們要變得可怕！讓人看到你們所屬的這個輝煌民族前所未有地堅決。你們的前輩，那些戰敗者，全都帶著驚恐去了國境的另一邊。

時機成熟，太好了。那是因為它腐爛了！你們的力量不再受制於她們的女性溫柔。你們今日不再是貴族的未來，你們就是整個貴族！

你們有義務改變歷史，你們體內的血脈要你們這麼做！

這是屬於你們的時刻、青年的時刻、勇氣的時刻。我曾經相信話語的力量，卻差點斷送性命……

今天我要仰賴你們！

人民及其革命[1]

真是太好了，大革命不再只有歷史學家才能夠講述。更難得的是，大革命既未被遺忘也並未死去。大革命是少有的鮮活主題，近年來的藝術創作將之據為己有，藉著讓它再次登上藝術舞臺並重新進入公眾言論內，發明嶄新的敘事、呈現全新的影像。大革命前所未有地充滿活力。對於所有曾經設想歷史終結的無足輕重之輩，柏林圍牆的倒塌宣告烏托邦的終結，自由主義處處戰勝宛如最終解答，那些烏托邦的創立者便來提醒他們，只要全世界還存在這麼多的不公不義，革命就尚未結束，而一七八九年的革命，即眾多其他革命和人民起義之母，就依然會是需要一再去挖掘探究、充滿靈感的田野。二〇一一年的突尼西亞人民便提供了顯著的例證。[2]

　　戲劇、電影、小說、繪畫和從今往後的漫畫全都緊抓著一七八九年，在這二十一世紀的開端加以重新創造，提供新的故事性來理解這則非比尋常的事件，使其展現出新的意義。大革命正在路上，朝向已跑在我們前面的未來。

　　眾多第九藝術的創作者已經大膽做過嘗試。怎麼讓人不去想到貝赫納爾・伊雷爾（Bernar Yslaire）與尚—克勞德・卡利耶爾（Jean-Claude Carrière）的近期作品，那本絕妙的《羅浮宮上方的天空》[3] 呢？或想到弗杭索瓦・布赫永（François Bourgeon）的歷史冒險傳奇《風之過客》[4]，故事從十八世紀的巴黎公社展開，以傑出手法審視一七九一年八月發生在布瓦—蓋蒙（Bois-Caïman）的暴動，即聖多明哥黑奴的起義。[5]

　　當輪到古華杰和洛卡面對這個創建當代法國，基於自由、平等、博愛，憑藉人民及其代表的意志所成立之法國的事件時，遠遠不只是用圖像史詩來呈現它（光這點本身就已構成一項了不起的成就），更將其展示為一段資訊豐沛得令人折服的閱讀經驗，充滿解釋說明的線索，拒絕採取某種善惡二分法，緊緊貼近連當代人自己都難以領會的現實意義，因為事件密集的程度可以隨時改變各種力量之間的關係，可以激起一個陣營乃至另一個陣營的希望或恐懼。這兩位搭檔打造他們的劇本和圖畫，分擔工作，就像在一座熔爐裡取出他們精心雕琢的故事，以集體情感燃燒、因為對所有懼怕各種改變之人抱持的謹慎態度而降溫、繼之冷卻在不法牟利之徒或反革命人士的無恥盤算中。

　　時間背景並非隨機挑選，且已然表現這場革命一切的錯綜複雜，混亂和秩序並存，拒絕舊專制的同時也在建立一種新的政治秩序。從黑維雍暴動事件開始，由於一七八九年四月底在聖安托萬郊區發生的居民屠殺，導致一七八九年十月底制憲國民會議代表舉行戒嚴令的表決，直到麵包師弗杭索瓦（Denis François）遭群眾屠殺所引起的一連串後續事件。指揮不當的巴黎自衛

軍，第一次朝破壞旅館和黑維雍壁紙工廠的鬧事民眾開槍射擊，釀成十多人死亡，甚至在王國三級會議召開之前就引發聖安托萬郊區的恐慌情緒，對這個儘管貧困但仍自豪其專技工匠身分的郊區造成深深創傷。這些創傷，說明了數星期之後，酷熱的七月裡發生之其他暴力事件。一七八九年十月，這位麵包師因疑似私藏麵包（事實上是因為議會代表付了錢，他才把麵包存放在店鋪後的儲藏室）遭人毆打並吊死在路燈上。議會代表因此決定賦予各個城市首長警察權，允許他們在公共秩序遭受威脅時對群眾動用武力。此項決定日後演變為戒嚴令的實施表決，借鑑英國的《暴動法》[6]來壓制騷動的人群。革命與其一致行動，在介於希望這場革命停止，以及認為革命才正要開始的意見之間產生裂痕。一場又一場的屠殺，恰如其分地環繞著本書的故事，因此實現了革命。革命難道只存在暴力之中嗎？當然不是……兩位藝術家一頁接著一頁地剖析（那是他們的長處），這場大革命如同其他的革命，是如何從一開始就充滿暴行。首先是回應不義之舉，即國王的軍隊恐嚇並盲目殘殺那些擔憂薪水和生計的暴動者。其次是一群傳統上並無暴戾之氣的人會變得暴力，是當他們看到部署在戰神廣場（Champ-de-Mars）或巴黎週遭的外國雇傭軍團士兵朝他們猛攻，決定自保，於是武裝起來尋找火藥和武器，他們先是到傷兵院找，然後到象徵絕對主義在這個「啟蒙」時代過度濫權的堡壘去找。有關攻占巴士底監獄和結局景象的篇章，將會成為這部漫畫裡最了不起的片段之一而傳世。

　　專門研究群眾的歷史學家很清楚知道這點。人民之所以不殘暴，只是因為受到群體身分匿名的保護。這些理論適用於十九世紀末由勒邦[7]所具體展現的陳舊心理主義。從那時起，許多研究指出人民長期的饑荒、失業與隨之而來的憂慮，對他們去鬥爭那些被認為獨占資源的人都是同等的導火線。因此，在攻占巴士底監獄前，有關徵收入市稅城門這鮮為人知的火災篇章，便極為引人注目。從七月十一日起，包圍巴黎的火勢全部都是了解大革命開端的關鍵。在有關一七八九年七月的敘事裡，這項少見的著墨，顯示出古華杰和洛卡考察過的成果，特別是在巴黎第一先賢祠—索邦大學（Paris 1 Panthéon-Sorbonne）的法國大革命歷史研究所裡得到的收穫。

　　自一七八〇年代起，國王因亟需稅收而允許在巴黎周圍築起因導致人口封閉而遭居民厭惡的城牆。城門等於是糧食在市場上以更高價售出前課稅的通道，這正是兩位作者所仔細觀察到的其中一項革命起因。火災和上升的焦慮情緒都非常生動地從那些扭曲的面容、睜大的雙眼、遭追捕之人的驚慌奔竄、發狂的士兵、憤怒的男人、同樣積極行動的女人之中表達。不過兩位創作者

對一七八九年有著全新且具高度原創性的觀點,清楚決定了這份雄心的關鍵所在:要讓人看見一個人民怎樣成為革命家。而這與滿足於反覆重述無數關於大革命的故事來說,完全是另一回事。

想要好好了解這個成功贏取自由的賭注,就必須掌握這系列作中達三百頁的首部曲裡所召喚來的各種社會面貌。太冗長嗎?當然不會。作者非常尊重他們所創造的人物。他們並不把創造的人物形塑成讓歷史事件具備可看性的託詞,相反地,他們花時間去描繪,在這些人物的痛苦、行動、勇氣還有軟弱之中一路相伴。為了講述這場幾星期內就把長達一千四百年的古老政體摧毀殆盡而顯得如此重大的革命,必須說明它的錯綜複雜,不使之簡化成人民反抗統治菁英的結果。更巧妙地在君主政體的許多不同方面,充分掌握了使之建立而成的「一連串輕蔑言行」。這是段真實的旅程,我們受邀進入層層相疊的舊制度社會,從王室宮廷到巴黎沙龍、從緊抓特權不放的貴族小集團到來自各省分的市民階層代表,他們想要重建國王和人民之間的社會契約,就像本書的凱爾維雷甘。但不能把所有的貴族都混為一談。有些貴族依舊忠於另一個時代的倫理,而其他貴族則跟諾阿依[8]一樣促成特權的末日。八月四日晚上,這些其他的人還選擇參與大革命中最激進的派別,就如本書帶頭率領鬧事群眾的騎士尼可拉。這可不是為了加以美化而創造出某個虛構的羅賓漢。我親自見過亞爾市(Arles)的市長安東內勒騎士*,一個澈底深入那些最窮苦、最貧困之處境的貴族世家,整個大革命期間都不改其心,哪怕是被原屬的社會等級所驅逐。[9]然後,在這些社會階層裡,出現了「下水道的盧梭」,就像杰宏·雷格黑,本書的中心人物,某種布列塔尼的黑帝夫[10]、晝伏夜出、有點失敗也有點不老實的記者、夾在兩個世界、在他所背叛的人民和那些不把他當作一分子的貴族之間,略顯圖謀報復。很有意思的一名角色,他間接地讓人隱約看見,這整個文人共和國的文人,若非有人出高價才動筆,就是基於信念加入兩個陣營之一,創造出作者用幾個精心構思的漫畫格所描繪出的現象:公共言論如同世界的新女王,帶著牆上張貼的布告、新聞報紙、抨擊文章,以及刊載國會言論的準官方刊物《箴言報》[11]。

無論如何,這本漫畫提供給歷史和歷史學家最多啟發的,是對於人民的刻畫描寫。這則故事的真實女男主角都是突然擁有自己名字的無名氏,他們成為起義的主要人物、命運的積極參與者、冒著失去生命的危險贏取第一項權利。本書完美地注意到這也正是一場革命:在人民和治安武力可怕的對峙中——每個人只要參與過一次示威遊行都能感受到這種對峙——暴力能夠從此方或彼方突然翻轉的緊張時刻。畢竟,一場革命不僅僅是人民的勝利,更是一個懂得要表現

出十分確信其力量、或是十分堅決要發揮其力量之人民的勝利，使治安代表、士兵或自衛軍，舉槍投降站在人民那邊，並自此要求當局跟新的談判對象妥協和解，從巴黎的巴士底監獄廣場到埃及開羅的解放廣場[12]都是如此。革命就這樣發生，完全不用預料它們的結局，它們可能在我們真的裝出一副有不自由毋寧死的理想前景時就結束了！

　　幸好，作者花費時間去構思、使其發聲、展現行動、重新讓人民為人所見。順便一提，相較於許多編者可能會嚴格地對作者加以限制，讓我們向大方給予作者發揮空間的編者致敬。其成果便是並非僅在字面上呈現有關人民的描述，而是能深入各種人群的親密連結。因為，要再次重申，一則有趣的故事就是一段錯綜複雜的歷史，未經任何刪減，要讓人看見現實的爆裂、採取行動之積極參與者的主體性，而其行動壓倒了每個人的情緒和親身經歷。這裡卓越的成就，其中之一在於呈現「這些」人民，以及他們最後匯集成「大」革命的革命，它顯示出的這種直覺，必定與一七八九年五月到十月間這個極度混亂時期曾經存在過的直覺相似。

　　孩童在其悲慘處境中現身，工匠離不開其所處地區的生活、大堂搬運工亦然，對憂心其怒火的警察而言是種威脅；桶匠、把走私品藏在船底的街頭賣藝人、充斥在現已荒廢之塞納河碼頭的水手、搬運夫、石匠、印刷工……所有人都在那裡帶著同等而彼此相異的憧憬，實際上則在他們要求一個更公正之世界的意志裡團結了起來，換句話說就是一個具備當時所稱，一種「政治經濟」的世界：能夠保障每個人有足以維生的工作，讓他有信心能養家活口，而不用眼睜睜看家人深受饑荒之苦。這正是君主政體顯現出它澈底無能之處。如果一七八九年七月十四日的麵包價格在當時上漲至世紀天價，絕非偶然。不，巴黎人並沒有酗酒，比方某些反動的歷史學家喜歡影射巴黎人會酗酒來指其行動非法，[13]他們並不是某天早上醒來，突然告訴自己要去攻打主宰聖安托萬郊區的那座堡壘。如同一格漫畫裡所呈現的，巴黎三天以來處在城門起火的濃煙之中，整夜敲響著引人焦慮的警鐘聲。沒錯，他們在凡爾賽都知情，就像漫畫以同時充滿暗示和令人感到急促的方式所呈現，議會代表正一步步為了獲得新的公正稅法而奮鬥，彼此區分政治色彩、彼此結盟為新的俱樂部，尤其把布列塔尼俱樂部描寫得很出色，日後憲法之友協會的前身，更為人所知的名字是雅各賓俱樂部（Club des Jacobins）。

　　米哈波、巴納夫、但特別是奧古斯丹・貝爾納爾・弗杭索瓦・勒・古阿澤爾・德・凱爾維雷甘，這場冒險的重要人物，反對教士和貴族濫權的布列塔尼鬥士，他們代表人民發言也為人

民說話。凱爾維雷甘，坎佩爾的民選代表、共濟會的分會會長、「快樂石匠」，從一七八八年起就為了第三等級和特權等級代表之間的平等地位而奮鬥。他讓那些缺乏智慧和能力去分析這個破產、負債累累、深陷絕境之君主政體正在衰落的「善良人士」感到十分害怕，他們只看到處處皆陰謀。大革命只會是一場更大的陰謀，背後有一隻無形的手在操控，可能是奧爾良公爵這位藏身皇家宮殿裡的放蕩之王，由我們兩位記者／藝術家／漫畫家出色地僅用幾筆加以描繪記錄，也可能是那些暗中勢力在煽動這些本身無能，不得不如同家畜一樣敬愛其國王的群眾……愚蠢的陰謀論已經對他們發生作用，因而不願思考足以充分說明引發廣大多數怒火的社會政治和經濟財政條件。然而反過來說，那正是作者聰明的地方，輪到人民自己去發現到處都有可疑分子、警探、間諜，使街頭瀰漫著暴力和一觸即發的氛圍。

在這一篇透過這些生動圖像所呈現的閃耀光彩（好比我們在皮影戲時代裡會用的形容）而寫就的簡短介紹，只能以女性在大革命爆發之中真正且終於受到公認的影響來作結。她們決定性的積極參與，貫穿了整個十八世紀的反抗行動。這些負責下廚餵飽家人的女性，是第一批因市場上缺乏必需糧食所苦的人。她們工作，當洗衣婦、紡紗工、小販。她們形成著名的巴黎大堂女魚販，有時則屬於一支由無數來首都定居之巴黎僕人所組成的無名軍隊。這些年輕女性大多數都希望能避開危險，以及威脅她們從娼的可能性，或者如眾所周知，自己想辦法在皇家宮殿出賣肉體。這些女性，無論是羞澀的露伊絲或是伶牙俐齒的漢娜，全都在第一線積極參與大革命。她們訓練男人、戰鬥、在十月五日前往凡爾賽。在列席男人的會議，或在議會講臺之間替自己開路時，她們都帶有政治色彩。她們生活、介入大革命、她們去愛、去擔憂，隨著大革命的進展，她們自己也創造了大革命，而沒有人能控制這股將舊世界帶走，以誕生新世界的洪流。你們可能以為自己了解一七八九年……古華杰和洛卡的所有本領，就在於精確、真實且令人信服地重新創造它。他們都不是歷史學家，卻重建了真實。他們使整部作品變得可能。事件過後的兩百三十年，他們讓無數彷彿初次作為歷史之血肉的平凡人重生，同樣運用了想像力，或許受虛構之助，但更為可能性與真實服務。他們用他們的方式，從不結束提問，並幫助十八世紀歷史學家回答一則最困難的問題：這些革命是怎麼發生的？

自由之章構成一段真實的故事，先是貼近土地，接著上升到議會代表的高度，進入貴族的閣樓，卻總是朝著全新的天空，就像這幅出色的封面，呈現一隻握著手槍的手臂，彷彿要擊發

用創造大革命來改變世界命運的子彈。[14]之後先是共和國,接著是民主——在這二十一世紀之初,依然有待建立。

皮耶爾・色那(Pierre Serna)

巴黎第一先賢祠—索邦大學法國大革命歷史教授。

*原註:Pierre Serna, Antonelle, aristocrate et révolutionnaire, Arles, Acts Sud, 2017.

譯註

前言

1. 工坊 27（L'atelier 27）：二○一三年由芙蘿紘絲・利普希姿（Florence Lipszyc）及喬瑟芬・佛賽（Joséphine Fossey）所創立的藝文風格創意實驗室。http://www.atelier27paris.com/

2. 麥芽廠藝文空間（La Malterie）：位於法國里爾（Lille），提供視覺藝術及當代音樂進行實驗探索與交流的場館。http://www.lamalterie.com/

3. 自我雇員出版社（L'Employé du soi）：位於比利時布魯塞爾（Bruexelle）的漫畫出版社。https://employe-du-moi.org/

4. 世界盡頭工坊（Les Ateliers du bout du monde）：位於法國洛里昂（Lorient）的藝文空間，已於二○一九年五月一日結束營運。https://ateliersduboutdumonde.wordpress.com/

5. 海軍比利修船廠（Billie Marine SARL）：位於法國莫爾比昂省（Morbihan）之埃內邦（Hennebont）市鎮的修船廠。http://www.billie-marine.com/

6. 《紅磚報》（La Brique）：二○○七年創立於法國里爾的地方社會評論媒體。

7. 海姆・伯斯丹（Haim Burstin, 1951-）：義大利米蘭大學當代史教授，專研法國大革命歷史。

8. 儒勒・米什萊（Jules Michelet, 1798-1814）：法國歷史學家，被譽為「法國史學之父」。

9. 米歇爾・沃維爾（Michel Vovelle, 1933-2018）：法國歷史學家，專研法國大革命歷史。

10. 弗杭索瓦・傅黑（François Fouret, 1927-1997）：以對法國大革命時期的歷史研究著稱，開創有別於馬克思主義史學、將法國大革命當作政治革命與歷史進程之研究對象的觀點。

11. 華特・班雅明（Walter Benjamin, 1892-1940）：德國哲學家、文化評論者，其思想融合德國唯心主義、浪漫主義、唯物史觀及猶太神祕主義。

12. 阿萊特・法吉（Arlette Farge, 1941-）：法國歷史學家，專門研究十八世紀歷史。法國國家科學研究中心（CNRS）的研究主任，隸屬於法國高等社會科學研究院（EHESS）。

13. 索菲・瓦尼奇（Sophie Wahnich）：法國歷史學家、法國國家科學研究中心研究主任，專研法國大革命歷史。

14. 提摩西・塔克特（Timothy Tackette, 1945-）：美國歷史學家，專研法國大革命歷史。

15. 大衛・加瑞奧克（David Garrioch）：澳洲蒙納許大學（Monash University）榮譽教授，專研十八世紀巴黎與其他歐洲城市的歷史。

16. 加利卡數位圖書館（Gallica Bibliothèque Numérique）：隸屬於法國國家圖書館，該平臺有超過一百五十萬筆資料提供免費借閱，除了收藏各領域的參考文獻資料外，還有古書、原稿文本及新聞資料，或甚至銅版畫、攝影作品、海報、樂譜、聲音紀錄資料和地圖。http://gallica.bnf.fr/

17. 賽巴斯欽‧梅西耶，全名為路易－賽巴斯欽‧梅西耶（Louis-Sébastien Mercier, 1740-1814）：法國啟蒙運動時期劇作家、作家、評論家及記者。其小說《二四四〇年》（*L'An 2440*, 1771）被認為是第一本烏托邦科幻小說。

18. 埃里克‧哈榮（Éric Hazan, 1936-）：法國作家，拉法布里克出版社（La Fabrique）創辦人。這間獨立出版社以左翼色彩著名，臺灣曾由行人文化實驗室翻譯過其出版書籍《革命將至》（*L'insurrection qui vient*, 2007）。

19. 南方行動（Actes Sud）：法國獨立出版社，一九七八年由于貝爾‧尼慎（Hubert Nyssen）創立。Actes 為 Atelier de cartographie thématique et statistique（統計暨專題製圖工坊）的縮寫。

扉頁

1. 賈克－路易‧梅內特哈（Jacques-Louis Ménétra, 1738-1803）：十八世紀法國巴黎玻璃裝修大師。《我的生活日記》記錄了作者從法國外省旅行返回巴黎的途中以及在巴黎的生活經歷，穿插令人難以置信的故事、夸夸其談、笑話，以及作者勾引和胡鬧的言行。

I.

1. 此書出處不明，可能是作者虛構。

2. 指的是一七八九年四月二十六日到二十八日間發生於聖安托萬郊區的黑維雍暴動事件（L'affaire Réveillon）。事件起因於謠傳當地豪華壁紙工廠廠主尚一巴布蒂斯特‧黑維雍（Jean-Baptiste Réveillon）要降低廠內約三百名工人的工資，甚至壁紙也要跟著降價，而工人多半是相當自豪的專技技工，加上食物短缺以及居高不下的失業率，因此爆發工廠暴動。這個事件被認為是攻占巴士底監獄以及整個法國大革命的前兆。

3. 皮耶爾‧維克多‧德‧貝松瓦爾‧德‧布倫施塔特（Pierre Victor de Besenval de Brünstatt, 1721-1791）：貝松瓦爾男爵，法國作家、社交名人、軍人。王后瑪麗‧安東尼社交圈中的常客之一。

II.

1. 這句叫賣語出自法國作家、古董收藏家、雕刻師安‧克勞德‧德‧凱盧斯（Anne Claude de Caylus, 1692-1765）的蝕刻版畫作。圖中兩位男女揹著上彩漆的鐵皮水槽，底端設有連接水管的出水開關，內部則裝滿一種由甘草棒浸泡檸檬水所製成、稱為「可可」（Coco）的清涼飲料。這種飲料盛行於十八世紀末的巴黎街頭。兩位男女是當時的可可販，收入低微，他們用腰間配掛的小酒杯裝可可給客人喝。

2. 奧古斯丹‧貝爾納爾‧弗杭索瓦‧勒‧古阿澤爾‧德‧凱爾維雷甘（Augustin Bernard François Le Goazre de Kervélégan, 1748-1825）：出身布列塔尼古老政治家族的律師，在法國大革命時期成為三級會議坎佩爾（Quimper）代表。一七八八年出版《一位布列塔尼哲學家對當前事務的省思》（*Réflexion d'un philosophe bretagne sur les affaires présentes*），內容強烈抨擊貴族和教士。

3. 布列塔尼俱樂部（Club breton）是一個由參加一七八九法國三級會議的布列塔尼代表所組成的俱樂部，其成員通常會在凡爾賽聖克勞大道（Avenue de Saint-Cloud）和卡諾街（Rue Carnot）街角處的阿莫瑞咖啡館（Café Amaury）聚會，並提前討論一些將於三級會議上處理的事務。日後成為憲法之友協會（Société des amis de la Constitution），法國大革命時期之雅各賓俱樂部（club des Jacobins）的前身。

4. 賈克‧內克爾（Jacques Necker, 1793-1804）：銀行家、政治家、法國國王路易十六的財政部長。最大的財政措施是利用國家貸款來償還法國債務，以高利貸取代提高稅收。一七八九年七月十二日遭國王解職而引發公憤，導致七月十四日事件。

5. 蘇（sou）：法國古代貨幣單位。

6. 瑪麗‧安東尼（Marie Antoinette, 1755-1793）：法國王后，出身於奧地利哈布斯堡（Hapsburg）家族。法國大

革命爆發後被控叛國罪，一七九三年十月十六日送上斷頭台處死。

7. 原文 miche 是一種法國圓麵包，因其形狀如大球，且外皮厚，常用來指「屁股」。

8. 金路易（Louis），法國古代金幣名，鑄於一六四一至一七九五年間，因幣上鑄有路易十三和路易十四等人頭像而得名。一枚金路易等於四百八十蘇。

III.

1. 西耶士神父，全名為埃瑪紐埃爾—喬瑟夫·西耶士（Emmanuel-Joseph Sieyès, 1748-1836）：法國天主教神父，法國大革命的主要理論家之一，其著作《何謂第三等級？》（*Qu'est-ce que le Tiers-État ?*）成為大革命實質上的宣言，並促使三級會議轉型為一七八九年六月的國民議會。

2. 轄區，或司法轄區（sénéchausée）。法國舊制度的地方行政區概念，原本其管轄權包含軍事、財政和司法，十八世紀時僅剩司法權，故稱司法轄區。Sénéchausée 一詞多為法國南方所用，法國北方則用 bailliage，兩者指的是同一概念。

3. 歐諾黑·加布里耶爾·里克蒂，米哈波伯爵（Honoré Gabriel Riqueti, comte Mirabeau, 1749-1791）：法國作家、外交家、記者、政治家，法國大革命溫和派的重要人物之一，主張結合君主立憲制的革命。

4. 阿莫瑞咖啡館（le café Amaury）：一七八九年期間布列塔尼俱樂部代表在巴黎的聚會場所，雅各賓俱樂部的起源地。

5. 安托萬·皮耶爾·喬瑟夫·瑪利·巴納夫（Antoine Pierre Joseph Marie Barnave, 1761-1793）：法國政治家。和米哈波伯爵同樣是法國大革命早期富有影響力的演說家。曾與王后瑪麗·安東尼祕密通信試圖建立君主立憲制，斐揚俱樂部（Club des Feuillants）創始成員之一。

IV.

1. 水上駁船（le coche d'eau）：一種平底駁船，由馬匹拉動或裝風帆運行，為十七和十八世紀多數河道的載人運輸工具。

2. 里弗爾（livre）：法國古代貨幣單位名稱之一。一里弗爾等於二十蘇。

3. 奧地利近衛軍（le pandoure）：最初是鄂圖曼帝國統治下基督教附庸公國裡的波雅爾（boyard）侍衛，後來成為奧地利哈布斯王朝帝國軍隊的一支非正規部隊或禁衛軍。此處的意思泛指當時法國王室的外籍近衛騎兵。

4. 夏宏泰蒸餾法（la méthode charentaise）：一種使用銅製蒸餾器進行雙重蒸餾的方法。

5. 原文 Salut et fraternité 是大革命時期盛行於自由思想家、極端個人主義者和工團主義者間的一種招呼用語，日後 fraternité 成為法蘭西共和國的國家格言之一。

V.

1. 原文 maigre，指的是學名為 *Argyrosomus regius* 的一種魚類，中文名為大西洋白姑魚。因其肉白，看起來瘦薄，故稱 maigre。

2. échaudé（本書作 échaudée，可能是拼寫錯誤），一種鹹或甜的傳統小糕點，丟入沸水中煮熟。

3. 奧斯特拉西亞人（les Austrasiens）：奧斯特拉西亞（l'Austrasie）是梅洛溫王朝（les Mérovingiens）時期的一個法蘭克王國，其位置約當現今法國的東北部一帶，孕育加洛林王朝（les Carolingiens）的起源地。奧斯特拉西亞人以全法蘭克王國中最為驍勇善戰而著名。

4. 巴黎大堂（Les Halles 或 Les Halles de Paris）：至一九七一年拆除以前為巴黎的中央批發市場，位於現今巴黎的第一區，已由現代化的地下購物廣場所取代。

5. 包稅部（La Ferme générale）：設立於一七二六年的私人公司，負責管理徵收法蘭西君主政體下的各項間接稅。

6. 遣使會（la Congréation de la maison，或稱 les Lazaristes）：創立於一六二五年的法國修會，以培育聖職人員與救濟窮人為宗旨。

7. 王室家具保管所（Le Garde-Meuble de la Couronne，又稱為 le Garde-Meuble royal）：位於協和廣場（Place de la Concorde）東側，專門保管王室家具、設備和工藝品的部門。

8. 蓬蒂約（Ponthieu）：現今法國北部皮卡第（Picardie）省轄下的一個縣行政區。

9. 修道院監獄（la prison de l'Abbey）：為一位於巴黎的古監獄，一五二二年設立，一八五四年廢止。

10. 佛赫斯監獄（la prison de la Force）：由私人宅邸改裝成的拘留所，一八四五年廢止。

VI.

1. 商人總監或稱巴黎商人總監（le prévot des marchands de Paris）：法蘭西王國君主體制下的一種市長（prévot），具有法官與行政官性質，主持巴黎市政廳，負責管理巴黎的維安工作、塞納河船運的商品稅徵收，同時也審理商人間的訴訟糾紛，以及關於巴黎的財政稅收。

   賈克・德・弗萊塞勒（Jacques de Flesselles, 1730-1789）：穿袍貴族（noblesse de robe）出身的法蘭西王國官員，巴黎最後一位商人總監，法國大革命最早的犧牲者之一。群眾攻占巴士底監獄期間，位於皇家宮殿的起義委員會派了一名代表傳話給弗萊塞勒。弗萊塞勒走出市政廳接見而毫無防備，遭人開槍打死，隨後被斬首，頭顱跟洛奈一樣刺在長矛上由暴動群眾舉著遊街。

2. 撞柱遊戲（Jeu de quilles）：廣義名稱為今日的保齡球。

3. 格黑果瓦神父（L'abbé Henri Jean-Baptiste Grégoire, 1750-1831）：天主教神父、制憲派主教、法國政治家，法國大革命的重要人物之一。他支持第三等級，並在國民制憲會議上呼籲廢除貴族特權和奴隸制度，同時鼓吹男性普遍參政權。

VII.

1. 根據史料，割下德・洛奈頭顱的其實是馬修・儒伏・儒爾東（Mathieu Jouve Jourdan），德・洛奈的前馬伕，而德斯諾（Desnot）則是曾遭德・洛奈踢傷的失業廚師。

2. 賈克・杜弗利（Jacques Duphly, 1715-1789）：法國作曲家、管風琴及大鍵琴演奏家。

3. 律熙費（Lucifer）：又譯作「路西法」，基督教與猶太教名詞，出現於《以賽亞書》第十四章第十二節。拉丁語「Lucifer」，由 lux（光，所有格 lucis）和 ferre（帶來）所組成，意思是「光之使者」。

4. 胡格諾（Huguenot）：十六世紀至十七世紀法國基督新教信奉喀爾文思想（Calvinisme）的一支教派，意譯為結盟宗，政治上反對君主專制。

5. 維吉爾（Virgile，拉丁文全名 Publius Vergilius Maro，70-19 B.C.）：奧古斯都（Augustus）時代的古羅馬詩人，被奉為古羅馬的國民詩人。著有《牧歌集》（Les Bucoliques）、《農事詩》（Les Géorgiques）、史詩《艾尼亞斯紀》（L'Énéide）三部傑作。

6. 神靈（Les Mânes）：古羅馬人相信死者經火焚燒後會成為神祇，稱其為 dii animales 或 Mânes。詩人維吉爾的

作品中常出現這個名詞來指各種死後的神靈。

VIII.

1. 七年戰爭（Guerre de Sept Ans）：發生於一七五六年至一七六三年間一系列歐洲強權彼此競逐對抗所產生的戰爭，其影響覆蓋歐洲、北美、中美洲、西非海岸、印度及菲律賓。

2. 嗎哪（manne）：根據《聖經》和《古蘭經》，是古代以色列人出埃及時，在四十年的曠野生活中，上帝賜給他們的神奇食物。

3. 種植園主（planteurs）：指的是當時法蘭西王國在海外殖民地經營種植園並蓄奴的殖民者。

4. 亞岡昆人（Les Algonquins，或譯為阿爾岡昆人）：北美印第安人的一支，亞岡昆部落曾是北美印第安部落中最大的部落之一。

5. 莫西干人（Les Mohicans）：是一支使用東亞岡昆語的美洲原住民部族。

6. 易洛魁人（Les Iroquois）：又稱易洛魁聯盟（Haudenosaunee），為北美原住民聯盟，包含六個使用易洛魁語的部族：莫霍克（Mohawks）、奧奈達（Oneidas）、奧農達加（Onondagas）、塞內卡（Sénécas）、卡尤加（Cayugas）和塔斯卡洛拉（Tuscaroras）。當歐洲人來到美洲時，易洛魁聯盟主要占據美國東北部地區，主要是今日的紐約上州位於哈德遜河以西的部分和五指湖湖區。其名稱來自大西洋沿岸的敵對政營阿爾岡昆語系的部落。

7. 馬哈（全名為尚－保羅・馬哈，Jean-Paul Marat，1743-1793）：法國大革命時期的醫生、政治理論家、記者與物理學家。一七七四年於英國倫敦發表《奴隸制枷鎖》（Chains of Slavery）一書，抨擊英國的君主制。法國大革命爆發後，他積極投身革命，創辦《人民之友》報（L'Ami du peuple），批評《人權宣言》（Déclaration des Droits de l'Homme et du Citoyen）只是富人安慰窮人的誘惑物。一七九三年遭吉倫特派（Girondins）女刺客夏洛特・科黛（Charlotte Corday）刺殺身亡。

8. 這裡指的是國民自衛軍（Garde nationale），法國大革命時期巴黎的民兵組織。

9. 原文 toucour，為 tout court 的口語簡稱。意為僅僅、如此而已。

IX.

1. 貝爾提耶，全名為路易・貝尼涅・弗杭索瓦・貝爾提耶・德・索維尼（Louis Bénigne François Bertier de Sauvigny, 1737-1789），最初家族姓為 Berthier，後由其父親改寫為 Bertier。法蘭西王室官員，在一七七六年至一七八九年間擔任巴黎總督（intendant de Paris），大革命期間負責確保王室守城軍隊的糧食供應，由於普遍饑荒傳聞四起，遭奧爾良公爵的親信人士控告侵占穀物以便削弱第三等級。暴動群眾在貢比涅（Compiègne）抓到他，送至巴黎吊死並肢解。

2. 法蘭西王國君主體制下，領主才能擁有鴿棚和鴿子。在此象徵貴族領主的權力之一。

3. 原文 Tartuffe 為法國劇作家莫里哀（Molière）於一六六九年發表之劇作的人物名。劇本全名為 Le Tartuffe ou l'Imposteur，成為偽善者（imposteur）的同義詞。

4. 德尼・狄德羅（Denis Diderot, 1713-1784）：法國作家、哲學家、啟蒙時代的百科全書派思想家。

5. 戈布蘭掛毯（Gobelins）：戈布蘭原為一位來自漢斯（Reims）的染布工匠杰翁・戈布蘭（Jehan Gobelin）之名，於一四四七年到巴黎，落腳在聖馬塞爾區（Saint-Marcel）附近塞納河支流碧耶夫（la Bièvre）的河畔成立染坊。

戈布蘭染坊以獨家祕方染出的鮮明紅色而聞名。歷經路易十四、路易十五、路易十六乃至拿破崙時代，戈布蘭掛毯始終為王室或帝國御用織品，一度是歐洲人心目中法國掛毯的代名詞。

6. 藥劑師花園（Jardin des Apothicaires）：一五七七年於巴黎由尼可拉·烏埃勒（Nicolas Houël）所設立，主園藝、醫學和化學方面的教學機構。一七九九年在拿破崙霧月政變後成立的執政府時期成為巴黎高等醫藥學院（l'École supérieure de Pharmacie de Paris），一八八二年移回盧森堡，現已不在巴黎。

7. 木劍路（Rue de l'Épée-de-Bois）：路名來自過去一間位於穆夫塔路（Rue Mouffetard）上經營數百年的老酒館店名。

8. 這裡同時提到波蘭與野蠻，很可能是反映當時十八世紀歐洲從普魯士流行對於波蘭人及其文化的輕蔑與歧視，所謂的厭惡波蘭症（polonophobie），譬如德國自然歷史學家福爾斯特（Johann Georg Adam Forster）認為波蘭的落後是因為跟東南亞人一樣流著無知和野蠻的血脈。

X.

1. 漢娜的名字法文是 Reine，意思也是「女王」、「王后」。

2. 鯡魚（Hareng）：其罐頭製品味道非常臭，如著名的瑞典鹽醃鯡魚（strömming）。漢娜在這裡誇張表達魚販的雙手會讓衣服沾染魚腥味。

XI.

1. 這裡指的是一七八九年十月的皇家招待會事件。當時法蘭德斯軍團為了增援王室瑞士近衛隊而受命進駐凡爾賽，國王設宴招待這些新進軍官。宴會上，眾士兵舉杯祝辭紛紛向國王宣誓效忠。宴會之奢華無疑是對糧食嚴重短缺之人民的漠視，但最糟糕的是所有報紙均詳細描寫在宴會上三色帽徽（「紅、藍、白」，象徵法蘭西共和國；早期為「紅、藍、綠」，「紅」和「藍」是代表巴黎的顏色，後來綠色由於會讓人想到國王之弟阿圖瓦伯爵的象徵故遭捨棄，最終由拉法葉將軍重新設計加入白色，成為「紅、藍、白」三色。）遭眾軍官踐踏，而這些酒醉的軍官則宣稱只效忠白色帽徽象徵的波旁王朝，這些關於招待宴會的流言蜚語激起民眾極大的憤慨。

2. 羅伯斯丕爾（Maximilien François Marie Isidore de Robespierre, 1758-1794）：律師，法國大革命時期政治家，雅各賓專政時期最高領導者。

人民及其革命

1. 原標題為 Un peuple et ses révolutions，本文作者有意指出一種人民 (單數) 其中包含了許多個體或階層各自的革命 (複數)。譯文基於形式及通順考量，未能加以反映，故藉此註解補充。

2. 指的是發生於二〇一〇年底至二〇一一年初北非突尼西亞反政府示威導致政權倒臺的事件。又稱「茉莉花革命」。

3. *Ciel au-dessus du Louvre*，法國羅浮宮於二〇〇三年發起 BD Louvre（臺灣譯為「當羅浮宮遇見漫畫」）計畫系列的其中一本，二〇〇九年出版。

4. *Les Passagers du vent*，弗杭索瓦·布赫永自一九七九年起開始獨自包辦劇本、構圖和上色的系列漫畫，迄今為止已出版八卷。

5. 指的是發生於一七九一年至一八〇四年間的「海地革命」。西半球第一個成功的奴隸反抗，促成海地脫離法國獨立，成為第一個以黑人為社會多數的自由共和國。

6. 十八世紀初，英國保守黨支持者常與對立政黨及教派不和，多次發生聚眾集會引起暴力衝突。英國國會於是在一七一四年制定通過此法來加以遏止。

7. 古斯塔夫・勒邦（Gustave Le Bon, 1841-1931）：法國社會心理學家，以研究群體心理而聞名，有「群體社會的馬基維利」之稱。

8. 路易・馬克・安托萬・德・諾阿依（Louis Marc Antoine de Noailles, 1756-1804）：法國諾阿依子爵，在一七八九年八月十日晚間的三級會議上扮演推動廢除貴族特權的重要人物。

9. 指的是皮耶爾一安托萬・安東內勒（Pierre-Antoine Antonelle, 1727-1817）：法國官員與政治家。出身貴族，擁護大革命思想。擔任亞爾市長期間，曾下令驅逐聖托菲姆教堂（Cathédrale Saint-Trophime）的議事司鐸。

10. 尼可拉・埃德姆・黑帝夫（Nicolas Edme Restif），又稱布列塔尼的黑帝夫（Restif de La Bretonne, 1734-1826）：法國小說家，以色情作品聞名。法國大革命期間曾遭逮捕，被控為國王的間諜。

11. 全名為 *Le Moniteur universel*。一七八九年於巴黎創辦的報刊，至一九○一年終止。長期作為法國政府的官方宣傳刊物，特別是抄寫紀錄國會的各項討論。

12. 指發生於二○一一年的「埃及革命」，導致在位長達三十年之久的前總統穆巴拉克（Mubārak）下臺，是埃及自一九七七年以來最大規模的民主化運動。解放廣場是主要發生場所之一。

13. 十八世紀巴黎的穆弗塔路（Rue Mouffetard）上啤酒館林立，許多具有法蘭德斯或荷蘭血統的染工和呢絨製造者常在此處通宵暢飲，造成這些人是危險分子，容易群聚暴動的刻板印象。

14. 此處所指為法文版封面。

Revolution 20

法國大革命：自由之章
Révolution 1. Liberté

作　　者—弗羅杭・古華杰（Florent Grouazel）、尤恩・洛卡（Younn Locard）
譯　　者—李崇瑋
主　　編—湯宗勳
編　　輯—沈如瑩
美術設計—陳恩安
內頁排版—極翔企業有限公司

董 事 長—趙政岷
出 版 者—時報文化出版企業股份有限公司
108019台北市和平西路三段二四○號一一七樓
發行專線—（○二）二三○六—六八四二
讀者服務專線—○八○○—二三一—七○五
（○二）二三○四—七一○三
讀者服務傳真—（○二）二三○四—六八五八
郵撥—一九三四四七二四時報文化出版公司
信箱—10899台北華江橋郵局第99信箱
時報悅讀網—http://www.readingtimes.com.tw
電子郵箱—new@readingtimes.com.tw
法律顧問—理律法律事務所　陳長文律師、李念祖律師
印　　刷—富盛印刷有限公司
初版一刷—二○二一年三月五日
定　　價—新台幣八五○元

時報文化出版公司成立於一九七五年，
並於一九九九年股票上櫃公開發行，於二○○八年脫離中時集團非屬旺中，
以「尊重智慧與創意的文化事業」為信念。

法國大革命:自由之章/
弗羅杭・古華杰Florent Grouazel、尤恩・洛卡Younn Locard
繪著；李崇瑋 譯——版. --
臺北市:時報文化, 2021.3; 344面; 26×19公分. —
(Revolution;020)
　譯自: *Révolution 1. Liberté*
　ISBN 978-957-13-8653-9 (平裝)

1.法國大革命 2.漫畫

742.251　　　　　　　　　　　　　　110001926

Révolution. Tome 1: Liberté by Florent Grouazel and Younn Locard
© Actes Sud, France, 2019
Published by arrangement with Editions Actes Sud, S.A. through Peony Literary Agency
Complex Chinese edition copyright © 2021 by China Times Publishing Company
All rights reserved.

ISBN：978-957-13-8653-9
Printed in Taiwan